中国"高货币之谜"探究
基于信贷传导机制的视角

李秀萍 著

中国社会科学出版社

图书在版编目（CIP）数据

中国"高货币之谜"探究：基于信贷传导机制的视角/李秀萍著.—北京：中国社会科学出版社，2022.6
ISBN 978-7-5227-0366-4

Ⅰ.①中… Ⅱ.①李… Ⅲ.①货币量—影响—信贷—研究—中国 Ⅳ.①F832.4

中国版本图书馆 CIP 数据核字（2022）第 106469 号

出 版 人	赵剑英
责任编辑	车文娇
责任校对	周晓东
责任印制	王 超

出　　版	中国社会科学出版社
社　　址	北京鼓楼西大街甲 158 号
邮　　编	100720
网　　址	http://www.csspw.cn
发 行 部	010-84083685
门 市 部	010-84029450
经　　销	新华书店及其他书店
印　　刷	北京明恒达印务有限公司
装　　订	廊坊市广阳区广增装订厂
版　　次	2022 年 6 月第 1 版
印　　次	2022 年 6 月第 1 次印刷
开　　本	710×1000　1/16
印　　张	12.5
插　　页	2
字　　数	141 千字
定　　价	69.00 元

凡购买中国社会科学出版社图书，如有质量问题请与本社营销中心联系调换
电话：010-84083683
版权所有　侵权必究

前　言

近年来，我国的广义货币供给量 M2 持续走高，截至 2020 年年底已高达 218.7 万亿元，伴随超高的广义货币供给量，M2/GDP 的比值也从 1990 年的 0.32 上升到 2020 年的 2.15 左右。然而，如此高的经济货币化水平却没有出现较为严重的通货膨胀问题，反而出现通货紧缩的趋势，此外国际金融危机以后经济增长速度更是出现不断下滑的趋势，著名的经济学家麦金农形象地将这种现象称为"高货币之谜"（Mckinnon，1993）。针对我国的货币化水平是否偏高这一问题，国内外学者给出了许多不同的解释。如何更为深刻地解释我国 M2/GDP 是否偏高问题，依然成为理解当前中国经济问题的关键。鉴于此，本书将系统地对我国的高货币化之谜的成因进行深入探究。

针对我国 M2/GDP 是否偏高的问题，国内外学者都给出了不同的解释：经济货币化进程说、货币沉淀说、金融抑制说、外汇储备说、储蓄率高、不良贷款率高、产业结构问题、收入差距较大、社会保障程度不完善、金融市场相对不发达等。这些解释都有不同程度的说服力，也存在一定的关联性。我们知道，M2 从理论上是指基础货币通过银行信贷循环创造派生后形成的广义货币量，即货币创造需要中央银行和商业银行的共同参与，而货币流向则需要地方政府和企业等经济主体的参与进而对 GDP 产生贡献。本书基于对货币信贷传导机制的分析，通过理论分析和实证研究，发现中央银行、商业银行和地方政府行为对"高货币之谜"的产生均具有重要影响，为我国"高货币之谜"的研究提出了新的分析视角，也为推动我国的经济发展提出了理论支撑和政策支持。

  本书以博弈论和产业经济学学科为指导，采用规范和实证分析相结合、静态与动态相结合、比较与系统相结合的研究方法，对中央银行的行为、商业银行的行为、地方政府的行为与"高货币之谜"的关联性分别进行了理论分析和实证分析。本书的研究思路是：首先，从实际现象出发，通过国际比较分析，发现中央银行的独立性和货币政策的稳定性影响了 M2/GDP 的水平，从而构建起中央银行独立性对"高货币之谜"的影响机理；其次，从博弈论的角度出发，在中央银行独立性基础上引入商业银行和地方政府的信贷传导机制，研究中央银行独立性、商业银行和地方政府的信贷行为之间的关联性和互动机理；再次，通过分析商业银行的存储行为，发现商业银行的存款竞争行为以及资产负债表的结构性扩张影响了 M2 的增加，从而间接推高了 M2/GDP，并通过理论模型和实证分析验证了这一结论；复次，通过分析地方政府的行为，发现地方政府土地财政和助推信贷错配的行为影响了 M2/GDP 的升高，本书通过数理模型分析构建地方政府行为影响"高货币之谜"的机制，并通过实证分析进一步探讨其因果关系；最后，根据理论和实证结果提出一些政策建议。本书的主要结论有：

第一，中央银行的独立性和货币政策的稳定性影响 M2/GDP 的水平。本书首先进行横向和纵向比较，从国际上看，中央银行独立性较强的国家的 M2/GDP 变动相对平稳；从时间上看，每一次货币政策冲击都会引发中国 M2/GDP 的攀升。理论分析结果也表明中央银行的独立性与货币政策的稳定性直接影响了商业银行和地方政府助推信贷投放的行为，最终导致 M2/GDP 的不断升高。提升中央银行的独立性和货币政策稳定性，可以通过以下几种路径：一是优化货币政策委员会成员的人员结构，使中央银行在货币供给方面的决策权得以加强；二是提高中央银行的行政级别，使其可以自主实施货币政策，兼顾币值稳定和经济增长速度双重目标；三是可以将政策目标多元化，单一追求经济增长容易导致通货膨胀和金融不稳定，且通过货币政策刺激经济增长不是长久之计，容易引发更大的风险。

第二，商业银行的存款竞争和资产负债表的扩张行为间接影响 M2/GDP 的水平。首先，根据中央银行关于广义货币的统计口径，通过测算可以发现广义货币的快速增长可以用广义货币中的准货币部分高速增长来解释，而准货币的高速增长又可用公众的储蓄存款的增长来解释。基于此，本书首先通过博弈论理论解释广义货币 M2 的增长，以便给中国的"高货币之谜"提出一种新的分析视角。其次，通过对商业银行资产负债表影响广义货币供给进行微观机理分析，发现商业银行资产负债表的结构性扩张会影响广义货币的供给；利用 2005—2017 年的季度数据进行实证检验，研究结果表明商业银行的资产负债表结构性扩张对广义货币供应量 M2 具有显著的正向影响，成为推高 M2/GDP 的重要因素。在我国金融市场逐步完善的情况下，有效监管金融机构的存款竞争行为、防止恶性竞争成为当务之急。拓宽公众的投资渠道，完善社会保障体系，引导直接融资模式的发展，加强商业银行资产负债业务的管理，提高资产端的资金利用效率，从而有效缓解 M2/GDP 过高的现状。

第三，地方政府土地财政和助推信贷错配的行为成为推高 M2/GDP 的重要因素。首先，本书通过构建包含地方政府和企业的动态数理模型，以地方政府的晋升激励与对土地财政的依赖来解释货币之谜，发现地方政府在"锦标赛"晋升机制下，对土地财政的依赖在一定程度上促进了 M2/GDP 的升高。其次，通过构建包含异质性企业、地方政府和中央部门的三阶段动态数理模型，从理论上解释了在面对外部经济冲击时，当前的"锦标赛"晋升机制如何扭曲了地方政府的行为，进而导致货币政策的失效，并通过城市层面的面板数据实证验证了这一假说。未来，重塑中央与地方的关系，建立多指标、多角度衡量官员晋升的制度，不再以经济增长作为单一考核指标，将会在一定程度上提高货币政策的有效性，使信贷错配的效应得到有效缓解。

总体而言，与现有的著作相比，本书基于货币的信贷传导机制角度，通过分析中央银行、商业银行和地方政府行为对"高货币之谜"的影响机制进行了系统性的分析和探究。本书具有如下几个方面的创新：（1）构建中国"高货币之谜"的系统性分析框架。本书基于货币的信贷传导机制，通过"货币源头—中央银行—货币循环—商业银行—信贷投放—地方政府—企业"的链条,以"银行、政府、企业"三大经济主体的互动模式展开研究,分别分析各行为主体在货币循环和创造过程中的作用机理,系统论证我国"高货币之谜"的产生机制,为后续研究奠定了理论基础。(2)研究视角的创新。本书从经济主体的行为角度出发,首先从中央银行独立性和货币政策稳定性出发研究"高货币之谜"产生机制,然后通过分析商业银行和地方政府的行为进一步对高货币产生机制进行系统性分析。(3)研究方法的创新。本书以博弈论和产业经济学等学科为基础,构建相关数理模型和实证分析,通过对中央银行、商业银行和地方政府的行为机理进行剖析和验证,从而对"高货币之谜"的产生机制有更为深刻的理解。

目 录

第一章 绪论 ……………………………………………… 1

    第一节 研究背景 ……………………………………… 2

    第二节 研究目的和意义 ……………………………… 6

    第三节 相关概念界定 ………………………………… 9

    第四节 主要研究内容和技术路线图 ………………… 14

    第五节 研究方法 ……………………………………… 18

    第六节 可能的困难与创新之处 ……………………… 19

第二章 文献综述 ………………………………………… 22

    第一节 中国"高货币之谜"相关研究 ……………… 22

    第二节 中央银行独立性与"高货币之谜" ………… 34

    第三节 商业银行行为与"高货币之谜" …………… 39

    第四节 地方政府行为与"高货币之谜" …………… 46

    第五节 文献评述 ……………………………………… 50

第三章 "高货币之谜"产生的理论机制分析 ………… 53

    第一节 广义货币增速与经济增速

            不匹配效应 ………………………………… 54

    第二节 货币政策冲击不对称效应 …………………… 59

    第三节 信贷传导机制阻滞效应 ……………………… 65

第四节　本章小结 …………………………………… 69

第四章　中央银行独立性与"高货币之谜"：

　　　　影响机理 …………………………………………… 71
　　第一节　引言 ………………………………………… 71
　　第二节　研究假说 …………………………………… 78
　　第三节　理论模型 …………………………………… 81
　　第四节　结果分析 …………………………………… 91
　　第五节　本章小结 …………………………………… 98

第五章　商业银行行为与"高货币之谜"：

　　　　影响机理 ………………………………………… 100
　　第一节　引言 ………………………………………… 100
　　第二节　存款竞争与高货币供给 …………………… 104
　　第三节　资产负债表扩张影响货币供给 …………… 112
　　第四节　本章小结 …………………………………… 124

第六章　地方政府行为与"高货币之谜"：

　　　　影响机理 ………………………………………… 127
　　第一节　引言 ………………………………………… 127
　　第二节　数理模型 …………………………………… 135
　　第三节　实证分析 …………………………………… 147
　　第四节　本章小结 …………………………………… 163

第七章　结论与政策建议 ………………………………… 164
　　第一节　主要结论 …………………………………… 164
　　第二节　政策建议 …………………………………… 167
　　第三节　研究展望 …………………………………… 168

参考文献 …………………………………………………… 170

第一章 绪 论

改革开放40多年以来,我国的广义货币供给量M2持续高速增长,与此同时,M2/GDP的值也在持续走高,从1978年的0.32一路上升到2018年的2.03左右。然而,如此高的经济货币化水平却没有带来较为严重的通货膨胀问题,反而出现通货紧缩的趋势,著名的经济学家麦金农(R. I. Mckinnon)将这种现象形象地称为"高货币之谜",并以M2/GDP水平作为指标测度高货币现象。可以看到,在国际金融危机后,货币供给量保持较高增长速度的同时经济增长速度却表现出不断下滑的趋势,使M2/GDP持续保持较高水平。但究竟我国的M2/GDP是否过高,如果过高会带来哪些风险?这些问题均引起了学术界和政策界的广泛关注。随着中国经济货币化水平的提高、金融发展和深化程度的加强,广义货币供给量M2出现一定程度的提高不足为奇。然而,伴随广义货币M2的高发却没有出现同等增长速度的GDP,尤其是在国际金融危机以后,反而出现了经济增长速度下滑的趋势,那么多出来的货币究竟去了哪儿?也就是说,货币的增长速度和经济增长的速度出现了明显的不匹配的现象,说明资源配置效率出现了问题,进而导致经济货币化水平M2/GDP过高。资源配置效率一且出现问题将会造成整个经济的不效率，进而影响整个国家的经济发展，所以中国的"高货币之谜"问题值得深入探究。

本章作为绪论，主要介绍本书的研究背景和研究意义，提出本书所要研究的主要问题——中央银行独立性和货币政策稳定性、商业银行和地方政府助推信贷行为与"高货币之谜"之间的关联性，以及中央银行、商业银行和地方政府的互动机理是怎样的，进而阐明本书研究的目的。随后，本书还对与所研究问题相关的一些基本概念和本书的研究范围进行了界定，阐述了本书在研究过程中所使用的理论和方法以及遵循的基本框架，最后提出了本书可能的创新之处。

第一节 研究背景

近年来，我国经济货币化水平 M2/GDP 一路走高，M2/GDP 作为衡量货币化程度的重要指标，在 2020 年年底已高达 2.15，该比率显然远远高于欧美发达国家以及其他转型国家的货币化水平。也就是说，在中国经济转型的过程中货币供给的增长速度持续比经济增长速度和通货膨胀率之和要快（经典货币数量理论），这一比率不断升高的问题不仅关系到我国宏观经济的稳定、预期的物价变动率、利率和汇率，也关系到人民币的自由兑换进程，事关我国经济的市场化及国际化进程。高货币水平的持续升高逐渐成为转型期中国面临的一个主要问题，无论与发达国家还是与发展中国家的货币化路径相比，我国的经济货币化水平（M2/GDP）的持续高增长或者说货币流通速度（GDP/M2）的持续下降都显得异常，高货币化进程并未带来预期的通货膨胀压力，这种现象令人深思。

一 "高货币之谜"的理论基础

作为十大经济学原理之一的传统货币数量理论，一直以来都被视为真理，该理论认为货币供应量与价格呈现同方向变动，也就是说，不管在长期还是在短期，货币供应量的上升都会导致物价的上涨。在20世纪60年代初，由于数据可得性的限制，学者开始展开一系列的实证分析，并通过研究商品流通和货币流通的关系得到了"货币供应量：价格＝1∶8"这一经验性公式，也就是说，如果商品零售总额与市场中流通的货币供应量的比值为8，则表明货币供应量在适度区间内，在中国也常用这一经验性公式来判断我国货币供应量是否适度。在相当长的一段时间内，这一经验性公式都被奉为圭臬。但是随着经济金融形势的变化，这一经验性公式也失灵了。由此，学者提出了另一个版本的货币数量公式"$\Delta M = \Delta P + \Delta Y - \Delta V$"，但是按照这一公式计算出来的货币量与实际的货币量仍然相差甚多，也就是说，实际货币供应量比按照此公式计算出来的理论货币供给量要大得多，由此不少学者认为中国存在大量的超额货币供给，认定未来将会带来很严重的通货膨胀压力。事实上，基于这些学者认为的超额货币供应量现象自1978年改革开放以来就一直存在，但是这一传说中的"笼中虎"并未引起严重的通货膨胀现象，整个经济反而呈现通货紧缩的态势。由此可见，传统的货币数量理论面临着前所未有的挑战。

二 "高货币之谜"的追本溯源

早在20世纪初期，国外学者就已经开始关注M2/GDP这一指标的影响因素以及变动趋势。1911年欧文·费雪在《货币购买力》一书中，提出交易方程式 $MV=PT$，如果将M看作广义货币供应量，那么M2/GDP即为广义货币M2流通速度的倒数，费雪认为这一指标受社会制度以及风俗习惯等因素的影响，在长期内较为稳定，所以可视为常数。而Pigou（1917）认为，M2/GDP这一指标由于短期内影响因素变动有限，虽可视作常数，但长期来看却是个变量。1912年，熊彼特（Joseph Schumpeter）强调了金融在经济发展中的重要性。20世纪50年代末60年代初，英国著名经济学家Raymond W. Goldsmith创建了衡量一国金融发展水平的数量指标——金融相关率（FIR），并给出了相应的计算公式，同时对各国金融发展规律性的趋势进行了详细描述。70年代后，众多经济学家在此基础之上进一步探究金融与经济发展的关系，譬如，肖（E. S. Shaw）在《经济发展中的金融深化》一书中提出的金融抑制论，以及麦金农在1973年《经济发展中的货币与资本》一书中提出的金融深化理论。麦金农在著作中提出，货币负债对国民生产总值的比率是经济中货币体系的重要性和实际规模的最简单标尺。他还对日德两国1953—1970年的金融结构以及金融增长情况进行分析，并以M2/GDP作为指标比较分析发达国家与发展中国家金融增长与金融深化的区别，同时指出M2/GDP受多种因素影响，其中经济增长、价格水平以及资产预期报酬率是重要的影响因素。但弗里德曼（Friedman）在1956年指出，M2/GDP与金融机构、非金融机构以及国外金融机构等主体行为和股票市场的运行态势密切相关。国外学者刚开始大都注重对其进行基础理论的研究，认为高货币化只是偶然现象，但是发现自90年代以来这一比率却一反常态地继续飙升。自此以后，国内经济学界也逐渐用M2/GDP这一指标研究中国的金融深化程度，并同国际水平相比较。M2/GDP作为联系货币经济与实体经济的指标，以及衡量一国货币化和金融深化程度的标志，一直深受国内外学者的关注，由此引发众多国内外学者将研究重点转向对这一经济现象的解释与分析。

三 "高货币之谜"影响中国经济增长速度

我们知道，近年来伴随中国经济市场化程度的不断加深，衡量经济货币化水平的重要指标M2/GDP也在不断冲高，从1990年的0.81一路上升到2018年的2.03左右，该比率显然远高于欧美发达国家以及其他转型国家的货币化水平。也就是说，在中国经济转型的过程中，货币供给的增长速度持续比经济增长速度和通货膨胀率之和还要快。特别是在2008年国际金融危机以后，中国M2/GDP快速提高，虽没有带来较大的通货膨胀，但经济增长率出现下滑的趋势（见图1-1）。中央银行不断加大宽松型货币政策力度，也加大了中国经济的通货膨胀风险和人民币贬值的压力。由此，中国经济出现了高货币与低增长并存的局面，如何理解这种局面并解释高M2/GDP问题，就成为理解当前中国经济的关键。要理解经济货币化水平M2/GDP畸高的原因，就需要对中国的经济发展进行系统的分析，因为货币化进程与经济增长是统一于一体的。通过梳理货币的信贷传导机制，结合数理分析和实证论证，本书发现中央银行的独立性和货币政策的稳定性，以及商业银行和地方政府的助推信贷行为导致了信贷错配与投资低效，是当前M2/GDP畸高的深层原因。正是中央银行—商业银行—地方政府政策性行为的互动使广义货币供给和经济增长速度不匹配，从而导致中国高货币与低增长并存的局面。

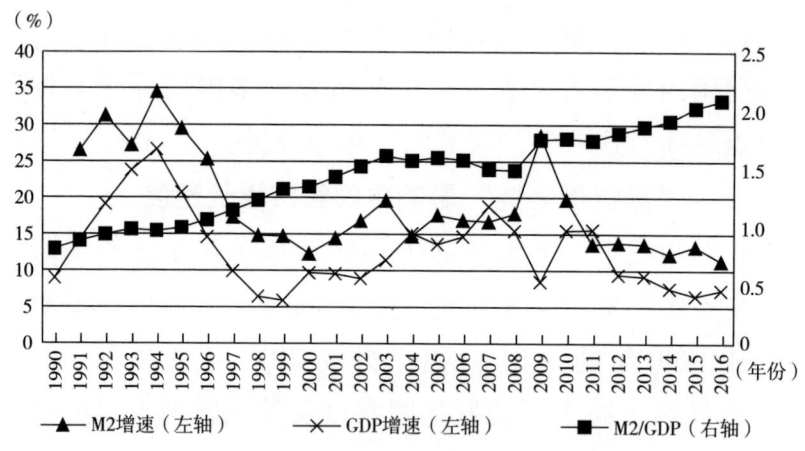

图1-1　M2增速、GDP增速与M2/GDP

资料来源：根据国家统计局、中央银行官网数据整理计算所得。

第二节　研究目的和意义

针对中国高货币与低增长并存的问题，本书采用包含中央银行、商业银行和地方政府的三方博弈数理模型并辅之以实证分析，从中央银行独立性和货币政策的稳定性、商业银行的信贷投放行为以及地方政府助推信贷行为的视角，对"高货币之谜"的深层原因进行分析。这对理解当前的经济增长速度问题、中央银行独立性问题以及货币政策的有效性问题，都具有十分重要的理论和现实意义。

一 研究目的

自麦金农提出"高货币之谜"问题以来，M2/GDP不断攀升的问题便受到学术界和政策界的广泛关注。货币增长与经济增长速度问题也从来都是值得重点关注的问题。本书选择从货币的信用传导机制出发，是由于货币供给的源头是中央银行，并通过商业银行的信贷循环创造，最后流向经济体。本书试图从中央银行、商业银行和地方政府的政策性行为视角出发，运用博弈论数理模型和实证分析相结合的方法，解释三类经济体的互动机理以及分析如何导致高货币问题。研究目的主要包括以下两个方面。

从理论层面上，本书试图从中央银行、商业银行和地方政府非均衡博弈的角度考察中国"高货币之谜"，探究三大经济行为主体之间内在的互动机理，研究不同行为主体对"高货币之谜"的影响，并深入剖析三者互动对高货币化比率的反馈作用，以便构建出完整的信贷传导机制影响高货币水平的作用路径。

从实践角度上，本书试图运用计量经济学方法和工具确定中央银行、商业银行和地方政府之间的互动和因果关系，运用时间序列和面板数据确定当前经济货币化水平M2/GDP持续走高的主要影响因素。本书从政策性角度分析影响货币供给量和经济增长速度进而影响高货币化比率M2/GDP的因素，提出具有可操作性的对策建议。

二 研究意义

针对学术界和政策界一直较为关注的焦点——中国经

济货币化水平 M2/GDP 是否偏高问题，本书将会从中央银行的独立性和货币政策的稳定性角度出发展开研究，运用非均衡博弈理论和实证分析，从商业银行和地方政府的行为入手，分析高货币供给的信贷传导机制。货币由中央银行通过基础货币的形式开始投放，经由商业银行和地方政府的政策性信贷助推，导致信贷资源配置出现问题，货币政策效果打了折扣，引发 M2/GDP 的升高。在当前"稳增长、去杠杆"的大背景下，研究资源的信贷配置问题以及货币的利用效率问题，具有十分重要的理论和现实意义。

（一）理论意义

自 1978 年改革开放以来，M2/GDP 长期处于居高不下的位置。而国内外学者大都专注于 M2/GDP 高却未引发通货膨胀这一现象的表层解释，鲜少涉及其背后的深层体制的原因，说服力有限。本书基于信贷传导机制展开研究，为高货币的产生提供了一个新的分析视角，通过剖析中央银行、商业银行和地方政府的政策性行为和互动机理，从理论和实证两方面探究我国的高货币化现象存在的深层原因。从资源配置的视角出发，本书深入探讨了中央银行和地方政府的政策性互动模式导致的信贷资源错配，不管是宽松型货币政策还是紧缩型货币政策，同等货币均未产生等量 GDP，从而使 M2/GDP 持续走高。

（二）现实意义

当前我国处在经济转型期，经济增长速度问题仍然是重中之重，而经济增长显然需要货币作为交易媒介助推，那么货币的利用效率问题自然值得深入研究。"高货币之谜"（M2/GDP 偏高）问题的本质是货币的配置效率问题，对高货币化水平产生的体制层面和政策层面的原因进行分析和探究，有助于我国中央银行货币政策的正确实施，同时对于重塑中央银行和地方政府的关系以及推动经济增长都有较为深远的意义。

第三节　相关概念界定

一　货币供应量

目前，我国衡量货币流动性总量的指标分为M0、M1、M2、M3等几个层次，从市场关注程度来看，对M1和M2的关注较多。其中，狭义货币M1反映了经济中现实的购买力，而广义货币M2不仅反映了现实的购买力，同时也反映了潜在的购买力，是反映社会流动性状况的一个综合性指标，因而获得学术界和政策界的更多关注。

从理论上讲，M2被定义为基础货币通过银行信贷循环创造派生后形成的广义货币量。但是，我们知道在实践中准确估计出信用的派生能力是非常困难的，因此，统计上通常利用各项存款数据估计M2供应量。这样看来，数据统计得出的M2就与理论意义上的M2存在一定程度的差异性。这也是为什么中国人民银行自1994年以来多次对广义货币供应量M2口径进行调整的原因，当然同时也对包括M0、M1等定义的内涵进行了不同程度的扩展，以便使统计口径能够更真实地反映宏观流动性。这里，我们对中央银行的几次口径调整进行了整理。根据1994年10月中国人民银行颁布的《中国人民银行货币供应量统计和公布暂行办法》对货币供应量指标的层次划分，各层次的货币概念如下：

M0：流通中的现金（货币供应量统计的机构范围之外的现金发行）；

M1：M0+企业存款（企业存款扣除单位定期存款和自筹基建存款）+机关团体部队存款+农村存款+信用卡类存款（个人持有）；

M2：M1+城乡居民储蓄存款+企业存款中具有定期性质的存款（单位定期存款和自筹基建存款）+外币存款+信托类存款；

M3：M2+金融债券+商业票据+大额可转让定期存单等。

其中，M1为狭义货币，M2为广义货币，M2-M1即准货币。设立M3是出于金融创新不断出现的现状考虑，目前我国暂时不编制这一货币层次的供应量，而且官方也不公布此数据。

之后，中国人民银行对M2的口径与内涵先后进行三次调整。第一次是自2001年7月起，将证券公司的客户保证金计入M2，包含在其他存款项目里面。这部分资金主要来自居民储蓄和企业存款。尤其是在企业新股认购时，大量的居民活期储蓄和企业活期存款会转化为客户保证金。第二次是自2002年3月起，将中国的外资银行、合资银行、外国银行分行、外资财务公司及外资企业集团财务公司等外资机构有关的人民币存款业务，分别计入不同层次的货币供应量。第三次是自2011年10月起，将住房公积金中心存款和非存款类金融机构在存款金融机构的存款纳入广义货币供应量的统计范畴。由此可见，当前的 M2 口径已较 1994 年指标推出之初有了更广泛的内涵。在实际统计数据发布中，将 M1 和 M2 定义为：

M1（货币）= M0（流通中现金）+ 单位活期存款；

M2（货币与准货币）= M1 + 单位定期存款 + 个人存款 + 其他存款。

其中，其他存款包括证券公司客户保证金（90%）、信托存款、应解汇款及临时存款、保证金、财政预算外存款、租赁保证金、非存款类金融机构在存款类金融机构的存款及住房公积金存款等。

二　中央银行独立性

中央银行制度最早始于 17 世纪末。早期形成的中央银行主要是充当国家/政府的银行，为财政提供融资服务，然而如果一味地受制于政府，可能又会导致政府的自由裁量权过大，造成权力的滥用甚至腐败行为的发生，并且毫无节制地利用中央银行为财政提供廉价资金，也容易引发通货膨胀问题，由此中央银行不能一直依附于政府存在。但直到 20 世纪初，中央银行的独立性问题才开始以法律的形式确立，主要以 20 世纪初的美联储、20 世纪中叶的其他发达国家为主，包括 20 世纪末欧洲推行的中央银行法。在我国，中央银行体制属于一元中央银行体制，由中国人民银行执行中央银行的全部职责。1983 年 9 月经济体制改革以后，国务院决定由中国人民银行专门行使中央银行职能，不再受理商业银行的各项业务，至此形成了垂直领导、统一管理、独立执行的货币政策，全面行使中央银行职能的中央银行体系。1995 年 3 月 18 日第八届全国人民代表大会第三次会议审议通过《中华人民共和国中国人民银行法》，确立了中国人民银行的地位和职责，中国人民银行是中华人民共和国的中央银行。回顾我国中央银行体系独立性构建的整个过程，具体如下。

1983年9月国务院决定中国人民银行专门行使中央银行的职能，自此中央银行的独立性得以逐步形成。

1986年国务院颁布《中华人民共和国银行管理暂行条例》，再次重申了中国人民银行在维护金融体系稳定中的重要地位和作用。

1988年国务院撤销省级分行，按照经济区设置九大分行，旨在通过这一方案对中央银行实行管理体制改革。

1995年全国人民代表大会第三次会议审议通过《中华人民共和国中国人民银行法》，使我国的中央银行体系正式确立为国务院直接管理模式，独立负责中央银行的宏观调控体系。《中华人民共和国中国人民银行法》明确指出中国人民银行是中华人民共和国的中央银行。中国人民银行在国务院领导下，制定和执行货币政策，防范和化解金融风险，维护金融稳定。关于中央银行的职能规定，明确了其发行人民币和管理人民币流通等职能。其中，第一章第五条指出：中国人民银行就年度货币供应量、利率、汇率和国务院规定的其他重要事项作出的决定，报国务院批准后执行。中国人民银行就前款规定以外的其他有关货币政策事项作出决定后，即予执行，并报国务院备案。第六条指出：中国人民银行应当向全国人民代表大会常务委员会提出有关货币政策情况和金融业运行情况的工作报告。

1997年实施《中国人民银行货币政策委员会条例》，明确指出货币政策委员会是中央银行制定货币政策的决策机构。

2003年成立中国银行业监督管理委员会。这一委员会的成立剥离了中国人民银行一部分监管职能，中央银行的职能更加清晰化，独立性也得到了进一步完善和保证。

基于我国特殊的经济和政治体制，我国的中央银行独立性，较欧美等发达国家还有些差距，因各国经济、政治和文化背景不同，所以需要分不同情况讨论。从政治独立性来看，中国人民银行是隶属于国务院的一个部门机关，货币政策委员会是负责制定货币政策的决策机构，这一机构内绝大部分决策成员都是政府官员。从目标独立性来看，根据《中华人民共和国中国人民银行法》第三条之规定：货币政策目标是保持货币币值稳定，并以此来促进经济增长。也就是说，中央银行货币政策的执行是依附于或者说服务于经济增长的。在独立性相对受限的情况下，如果中央银行实施宽松型货币政策，一味地保增长，必然会导致货币币值不稳定，通货膨胀压力、杠杆率过高等金融体系不稳定现象就会发生。如何权衡经济增长和币值稳定是值得深入探讨的问题。

三　中国人民银行与中央政府的关系

中国人民银行，即"国家的银行"，是中华人民共和国的中央银行，属于国务院的组成部门，所以中国人民银行和中央政府的利益是保持高度一致的。它在国务院领导下，代表国家制定和执行货币金融政策，防范和化解金融风险，维护金融的稳定性。

1948年12月1日，我国在原有的华北银行、北海银行、西北农民银行的基础上，在河北省石家庄市将它们合并组成中国人民银行。1983年9月，国务院决定中国人民银行专门行使中国中央银行职能。1995年3月18日，第八届全国人民代表大会第三次会议审议通过《中华人民共和国中国人民银行法》，至此，中国人民银行作为中央银行以法律形式被正式确立下来。根据《中华人民共和国中国人民银行法》的规定，中国人民银行在国务院的领导下依法独立制定和执行货币政策，不受地方政府、社会团体和个人的干涉。这说明我国也在逐步强化中央银行的独立性，除中央政府外不再受制于任何其他组织，如地方政府、社会团体等。中央政府从国家的利益出发，以人民福祉为第一要务，当中央政府预期需要宽松型货币政策时，中央银行就需要"开闸"释放流动性，货币供给量就会增加；反之，当中央政府预期需要"去杠杆"、货币政策收紧时，中央银行便会执行"缩表"的决定，货币供给量就会相应降低。

第四节 主要研究内容和技术路线图

一 主要研究内容

本书以博弈论、制度经济学以及产业经济学等学科理论为指导，对中央银行独立性和货币政策稳定性、商业银行的信贷投放行为与地方政府的助推信贷行为的互动机理以及信贷资源的配置效率问题进行了理论分析和实证分析，从而为中国"高货币之谜"提供了一个新的分析视角。首先，本书从中央银行的独立性角度出发，通过构建包含中央银行、商业银行和地方政府的非均衡博弈模型衡量高货币与低增长并存的内在机理，阐明当中央银行的独立性受限时商业银行和地方政府的助推信贷行为会导致信贷资源配置低效的作用机理，从而推高经济货币化水平 M2/GDP。其次，本书从商业银行的行为出发，分别从商业银行的存款竞争行为和资产负债表结构性扩张的角度解释高货币化水平的产生机制，并通过理论和实证阐明商业银行行为导致"高货币之谜"的产生机制。在验证了商业银行信贷投放机制后，本书紧接着从地方政府行为出发，以土地财政和"锦标赛"晋升机制为分析视角，首先通过构建数理模型论证信贷错配的产生机制，再利用省级面板数据验证地方政府行为如何影响高货币化水平的形成，最后遵循理论和实证的研究结果，对我国的"高货币之谜"现象提出一些有针对性的政策建议。

具体来讲，本书的研究内容可以分为以下七个部分。

第一章是绪论。本章阐述了"高货币之谜"研究的背景、理论和实践意义、研究目的、相关概念、主要研究内容和研究的技术路线、所使用的研究方法以及可能的创新之处。

第二章是国内外文献综述。该部分主要是对国内外现有的文献进行梳理，以求从中发现可研究的视角，并由此提出本书的研究发现与贡献，为后续的研究奠定理论基础。本章主要从四个方面对国内外学者研究的文献进行总结和梳理：有关"高货币之谜"的研究述评、中央银行独立性与"高货币之谜"的相关文献研究、商业银行信贷投放与"高货币之谜"的相关文献研究以及地方政府助推信贷行为与"高货币之谜"的相关文献研究。

第三章是"高货币之谜"产生的理论机制分析。本章根据经典的货币数量理论，分别从广义货币增长速度和经济增长速度的不匹配效应、货币当局的货币政策冲击不对称效应以及信贷传导机制的阻滞效应三方面，研究"高货币之谜"产生的内在机制。其中，对于广义货币增长速度和经济增长速度的不匹配效应，从经典货币数量理论的适用性和经济增长速度放缓机制的角度展开剖析；对于货币当局的货币政策冲击不对称效应，从外部冲击影响货币当局的反应机制和货币当局的稳增长约束机制的角度进行考察；对于信贷传导机制的阻滞效应，从商业银行的风险规避机制和地方政府的增长约束机制两个角度，引出本书"高货币之谜"形成的核心理论。

第四章主要论证货币当局（中央银行）的独立性与"高货币之谜"的产生机制。根据完整的信用传导机制链条，即中央银行独立性和货币政策稳定性—商业银行信贷投放—地方政府助推—高货币水平，结合三方博弈模型解释"高货币之谜"的产生。该部分通过构建包含中央（中央政府和中央银行）、商业银行和地方政府的三方博弈模型，通过非均衡博弈理论阐述其内在互动机理以及稳增长约束如何导致"高货币之谜"的产生。

第五章讨论商业银行行为与"高货币之谜"。本章在第四章研究的商业银行信贷投放行为的基础上，分别通过理论分析和实证检验对商业银行行为与高货币的产生机制做了较为系统的研究。该部分首先基于广义货币供给量的存款概念，从商业银行间存款博弈的角度阐述广义货币供给量增加的作用机理。其次，从商业银行资产负债表结构性扩张的角度，结合计量分析，以此来检验商业银行资产负债表的扩张与我国高货币水平产生的因果关系。

第六章讨论地方政府行为与"高货币之谜"。本章也是在第四章研究地方政府助推信贷投放的基础之上，通过理论分析和实证检验对地方政府行为与"高货币之谜"的产生机制做了较为系统的研究，研究地方政府行为、信贷资源错配与"高货币之谜"的产生机理。首先，本章通过构建数理模型发现地方政府因拥有土地财政而产生的助推商业银行的信贷倾向，最终会导致高货币化水平；其次，通过构建包含地方政府和异质性企业的数理模型，论证在"锦标赛"晋升机制下，地方政府倾向于国企和房地产的信贷配给，最终导致信贷资源错配，从而推高了经济货币化水平，并通过实证分析验证了地方政府行为对高货币产生的影响。

第七章是结论、政策建议与研究展望。本章首先梳理和总结了各章的研究结论，然后提出一系列关于货币政策稳定性、商业银行的信贷投放、中央和地方政府的关系重塑以及信贷资源有效配置的政策性建议，最后指出研究的不足之处，并对未来的研究工作进行了展望。

二 技术路线图

本书研究的技术路线见图 1-2。

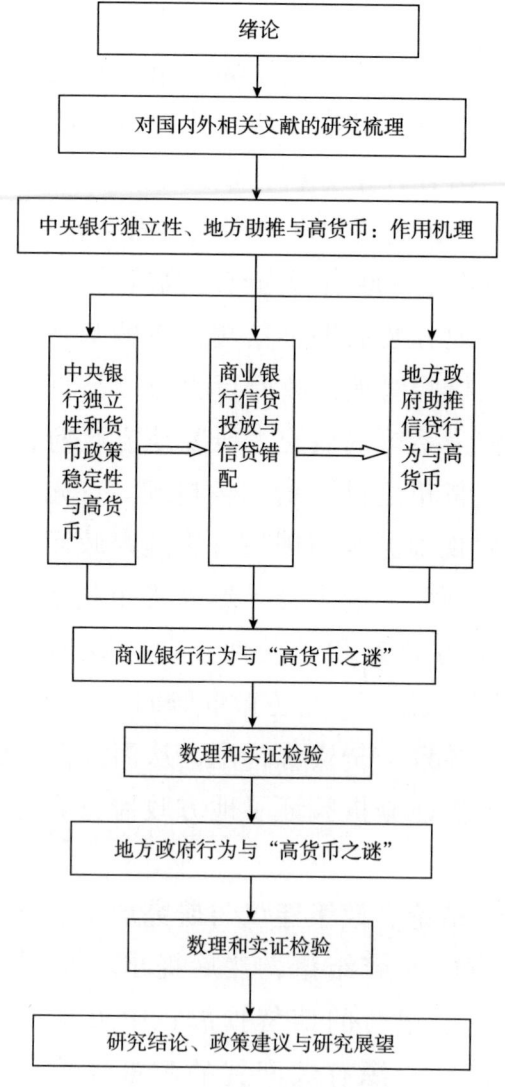

图 1-2 本书研究的技术路线

第五节 研究方法

本书在研究过程中主要采用了以下方法。

（1）比较分析。本书通过横向和纵向比较，揭示国内外 M2 口径、制度环境以及中央银行独立性等的差异性，为我国提供借鉴；本书还将高货币化成因进行分类，考察不同情形下国内外高货币化程度的差异性。此外，本书对东中西部地区的信贷资源配置问题进行了差异性分析。

（2）规范分析。所谓规范分析，是研究判断经济行为的"好""坏"的标准，并用这些标准去衡量、评价经济行为"应该"是怎样的。本书在借鉴已有研究成果的基础之上，借助金融学、投资学、博弈论、产业经济学、制度经济学等众多学科理论，从理论角度阐释"高货币之谜"产生的深层原因。

（3）数据分析。本书建立计量模型，通过使用 Stata、EViews 等软件检验我国高货币化现象产生的深层原因，即运用中央银行独立性与货币政策的稳定性、商业银行和地方政府的政策性行为方面的数据验证"高货币之谜"的产生机制。

第六节　可能的困难与创新之处

本书可能遇到的最大困难有二：一是针对高货币化水平产生原因进行理论研究的有很多，但较为严谨的数理模型很少。二是以信贷传导机制为分析视角，从体制层面分析"高货币之谜"，从数理模型的构建到数据获取都存在一定的难度。一方面，从横向角度看，各国的口径和制度环境不一致，数据处理存在一定难度；另一方面，从纵向角度看，高货币化水平的指标所含内容也在动态变动，中央银行独立性指标、地方政府的行为指标都不太一致。针对上述问题的解决之道是，从现有文献特别是最新的文献中寻找尽可能多的线索。此外，寻求于实务界的有关文献和统计数据，力争获取全面的文献和数据。

虽然我国货币化水平偏高引发的争论由来已久，国内外学者也分别从不同角度对该现象进行了一系列较为严谨的分析，但大多从货币需求层面、金融市场层面、经济结构与体制层面来论证。总体而言，学者对高货币化水平的研究经历了一个由浅到深的过程，近几年来，关于"高货币之谜"的研究逐渐从货币需求、金融市场层面转向经济结构与体制因素层面，且部分研究也已经触及问题的本质。但是现有的研究依然存在不同程度的缺陷和漏洞，就高货币化这个问题而言，针对性的研究大致包括三个环节：一是解释我国经济货币化水平是否偏高问题；二是解释"高货币之谜"形成的制度原因；三是关于"高货币之谜"的演进趋势与合理区间。绝大多数学者把注意力放在了第一个环节和第三个环节，至于"高货币之谜"形成的制度原因并没有取得实质性突破。基于此，本书具有如下几个方面的创新：（1）研究视角的创新。本书从中央银行独立性和货币政策稳定性出发探究"高货币之谜"的影响因素，并通过研究商业银行和地方政府的行为进一步对高货币产生机制进行系统性分析。（2）研究方法的创新。本书以博弈论和产业经济学等学科为基础，通过对数理模型的推导，从理论上探究了中央银行、商业银行和地方政府行为对高货币的影响，并通过实证分析验证了相关结论。（3）构建了"高货币之谜"的系统性分析框架。本书基于货币的信贷传导机制，通过"货币源头—中央银行—基础货币—商业银行—信贷投放—地方政府—企业"的链条，基于以中央银行、商业银行和地方政府三大行为主体的互动模式展开研究，并分别分析各行为主体在货币循环和创造过程中的作用机理，系统论证"高货币之谜"产生的内在机制，为后续研究奠定了坚实的理论基础。

第二章 文献综述

根据本书的研究内容，本章重点从四个方面对国内外研究文献进行系统性总结和梳理：中国"高货币之谜"相关文献研究、中央银行独立性和货币政策的稳定性与"高货币之谜"的相关文献研究、商业银行信贷投放行为与"高货币之谜"的相关文献研究以及地方政府助推信贷的行为与"高货币之谜"的相关文献研究。

第一节 中国"高货币之谜"相关研究

中国的"高货币之谜"问题就是 M2/GDP 的值偏高问题。货币供给量和经济增长速度是一国发展的重中之重。根据经典的货币数量理论公式 MV = PT，若将 M 看作广义货币供应量，将 PT 定义为国民收入或国民生产总值（GDP），那么 M2/GDP 是货币流通速度的倒数。在传统的货币时代，货币流通速度 V 通常假定为不变，所以这一比值呈现稳定的特征。但是，学者渐渐发现随着一国金融化程度的加快，货币流通速度下降，M2/GDP 会呈现增大的趋势。自此，M2/GDP 这一指标渐渐走入学术界和政策当局的视野,由此引发学者一系列的研究与探讨(Pigou,1917;Mckinnon,1973;Friedman,1956)。关于"高货币之谜"的探究,学者主要从"高货币之谜"产生原因、"高货币之谜"潜在风险以及"高货币之谜"的演进趋势三个方面进行系统性阐述。

一 "高货币之谜"产生原因

关于"高货币之谜"产生原因的分析,学者的研究大致基于货币需求、金融市场、经济结构与体制三个层面。

基于货币需求层面的分析由来已久,易纲(1996)首先提出经济货币化进程这一假说,认为随着我国市场化程度的加深,商品和服务越来越多地以货币作为媒介进行交换,这一系列的货币需求必然会导致货币化水平的提高。近年来,部分学者沿着货币需求这一路线进行了一系列分析,进一步将货币化范畴拓展到投资、储蓄、生产要素等方面,而不仅仅限于商品和服务的货币化(张文,2008;秦朵,2002;王永中,2007;肖卫国,2011;徐琤,2011;Zubaidi,2009;Baumol,1952;等等)。应当承认,尽管学者拓展了货币需求的范畴,但是其结论对于我国在1993年之后 M2/GDP 为什么继续上升的现象没有很强的解释力,而且也没有办法解释我国的货币化水平值为什么远远高于经济高度货币化的欧美国家。

基于金融市场层面的分析,学者通常在 M2 的基础上再加上债券、股票存量等,然后与 GDP 作比值分析,以此作为衡量金融深化程度的指标。大多数学者认为,我国的金融深化程度偏低、资产选择单一、金融抑制等影响货币需求水平(黄昌利、任若恩,2004;王毅,2002;许荣、向文华，2008；钟伟、黄涛，2002；易行健，2006；李欣、张家伟，2007；伍志文，2003；等等）。金融市场层面的分析虽然能对改革开放之初的 M2/GDP 上升有一定的解释力，但是不能充分说明为何随着我国金融市场的发展及随之而来的金融资产多元化，并且即便将欧美国家的 M2 口径调整至与我国相匹配，中国 M2/GDP 也仍然较高的事实。

基于经济结构与体制层面的分析，大致有两分法和体制因素两大解释。两分法是指将社会分为不同部门，每个部门具有不同的货币需求，因此各个部门的结构调整在一定程度上吸收了超额的货币供给（伍超明，2004；赵留彦、王一鸣，2005）。体制因素认为中国目前存在一系列的体制缺陷。钟伟和黄涛（2002）指出，我国高货币化水平的原因是社保制度不完善导致储蓄率过高。张波和郭康（2012）研究发现，政府以资金价格双轨制为特征的渐进式改革是造成中国高货币化现象的体制根源。吴建军（2004，2007，2012）从收入分配差距的视角进行了一系列分析，并分别基于投资利率弹性、收入分配等体制缺陷及国民收入分配格局等，探讨中国高货币化水平偏高的原因。

二 "高货币之谜"的潜在风险

从 20 世纪 90 年代开始，我国学者便开始用 M2/GDP 作为联系货币经济与实体经济的指标，来衡量一国货币化和金融深化程度的标志。根据近年来中、美、日三国的 M2 和 GDP 数据，我们发现我国的 M2/GDP 和日本非常接近，均超过 1.5，截至 2018 年我国的 M2/GDP 高达 2.03，而美国仅为 0.5 左右。虽然不同国家的口径和制度环境不同，但是如此高的高货币化却没有带来严重的通货膨胀水平，着实引人深思。国内不少学者对此现象进行了多角度解释（易纲，1996；刘明志，2001；秦朵，2001；余永定，2002；郭浩，2002；帅勇，2002；伍志文，2003；吴建军，2007；赵留彦、王一鸣，2005；李斌，2006；张杰，2006；李欣、张家伟，2011；王国刚，2011；张建波，2012；等等）。不仅学术界很重视高货币现象，货币当局对此问题也十分关注，时任央行行长周小川就曾在不同场合多次提到这个问题并进行分析。我国自改革开放以来 M2/GDP 不断上升，这一问题直接关系到我国宏观经济的稳定、预期的物价变动率、利率、汇率，以及人民币的自由兑换进程，从而最终关系到我国经济的市场化及国际化进程。

事实上，M2/GDP 过高会隐藏一定的潜在风险，对风险的揭示将有助于我们未雨绸缪。下面本书将对我国 M2/GDP 过高可能引发的一系列风险进行总结。通过相关文献梳理发现，绝大多数学者承认中国 M2/GDP 偏高，可能带来一定的金融风险（汪洋，2007；谢平、张怀清，2007；张春生、吴超林，2008；颜竹梅等，2009；王兆旭、纪敏，2011；苗文龙，2012；宋芳秀，2012；黄昌利、王艳萍，2012）。

首先，过高的 M2/GDP 蕴含一定的通货膨胀风险。虽然 M2 增加并不会直接导致通货膨胀，但是如果 M2 的结构变化使其变得更具有流动性，就会演变为现实的通货膨胀。众多研究表明，这一比率过高可能带来通货膨胀（Becker，2007；Roffia，Zaghini，2008）。殷剑峰（2013）认为，M2/GDP 的上升，需要警惕隐含的通货膨胀和信用膨胀风险，尤其是要防止信用膨胀导致的高杠杆和系统性金融风险的积聚。

苗文龙（2012）认为，即使高货币化短期内没有实现通货膨胀，但如果造成通货膨胀的预期，这种预期又具有自身实现的趋势，那么高货币化可能在长期内导致通货膨胀。程海星和朱满洲（2014）也认为 M2/GDP 偏高会为通货膨胀埋下隐患。都星汉、卢瑶和匡敏（2009）指出，货币数量超过经济规模的无限增长会直接引发通货膨胀和流动性过剩。此外，一些学者认为货币供应量对房价的影响十分明显和强烈（马柯、黄明，2008；徐忠等，2012），巨额的货币存量会推动房价上涨。丁锐指出，M2 超高会引发全社会对货币超发、通货膨胀、房价高涨的担忧。宋芳秀（2012）认为，高货币存量增大了 CPI 和资产价格上涨的压力。沈建光（2013）认为，由于货币大规模投放，房地产价格大幅上涨，即便是中国通货膨胀水平未必走高，也不应掉以轻心，毕竟大量货币造成的资产价格泡沫化会带来很大的金融系统性风险。持相似观点的还有张一和张运才（2016），他们也认为我国 M2/GDP 大幅上升存在潜在的资产泡沫风险与信用风险，并可能发生房地产泡沫破裂。

其次，过高的 M2/GDP 会引发银行体系的支付风险。一些学者认为，M2/GDP 越高，整体的支付风险越大（戴根有，2000；任若恩，2004）。如果这种局面继续发展下去，中央银行的流动性支持就很难避免超出其基础货币供应能力，必然会对币值稳定造成损害，中央银行的信用创造能力和商业银行体系的支付能力可能会逐渐减弱。张春生和吴超林（2008）指出，M2/GDP 升高隐含了商业银行的支付风险。黄昌利和颜竹梅等（2009）认为，M2/GDP 的值越高，整体支付风险越大，如果不加以控制，中央银行的信用创造能力和银行体系的支付能力都将逐渐蚀空。黄昌利和王艳萍（2012）指出，M2/GDP过高可能意味着较高的支付风险和金融风险。王同春和赵东（2000）认为，货币供给如果出现过度可能会造成中国银行体系的不稳定。

最后，过高的M2/GDP会引发系统性风险，影响宏观经济稳定。许多发展中国家的经验表明，扩张性货币政策本身就可能成为宏观经济不稳定的根源（霍赛恩、乔杜里，1996）。江春（2004）指出，过高且不断飙升的高货币化比率不但会引发通货膨胀和金融风险，而且不利于形成稳定的宏观经济环境，不利于中国经济实现市场化及国际化。王兆旭和纪敏（2010）认为，存量货币较高也蕴含了较大的系统性风险。特别是当前，随着我国市场化进程逐步深入，之前被土地、房地产和矿产资源市场化以及证券市场等各类市场所吸纳的货币逐步被释放，而基于对金融体系和金融机构稳健运行的信心而沉淀在银行体系的准货币，也可能随着通货膨胀预期的加剧而流出银行体系，推动资产价格泡沫和部分商品的结构性价格上涨，从而与通货膨胀形成相互强化的局面。程海星和朱满洲（2014）也认为M2/GDP偏高暗藏系统性金融风险。

三 "高货币之谜"的演进趋势

我们知道M2/GDP过高和"超额货币供应量（M2）"以及"货币流通速度（GDP/M2）不断下降"问题密切相关，可谓是一枚硬币的两面，三者都是从传统的货币数量论出发，只是对所研究的问题强调和分析的重点不同，所以采用了不同的表述。本书将系统梳理对我国高货币现状的趋势、水平以及动态演进路径的研究，以便为学者进行更深入的理论和实证研究提供有益借鉴。

(一) 对 M2/GDP 的趋势分析

M2/GDP 自提出以来一直深受学者的广泛关注，国外学者对这一指标趋势的研究主要基于 M2/GDP 与经济增长之间的关系。Goldsmith（1969）指出，总体来看通货（包括硬币和银行券）和银行货币（支票存款）占国民财富的比例将经历先上升后趋于平稳甚至下降的趋势，即 M2/GDP 会随一国的经济发展呈现倒"U"形关系。此后，弗里德曼（Friedman）和施瓦茨（Schwarz）于 1982 年通过实证研究进一步证实了这一假说。麦金农（1993）利用 M2/GDP 这一指标来衡量发展中国家和发达国家在金融发达程度方面的差距，他认为发展中国家在金融深化的过程中这一指标会不断上升，但并未给出极限值。Jung、Demetriades 和 Hussein 采用货币化比率这一指标来衡量一国的金融发展，他们认为一国货币化指标不断上升与经济增长互为因果关系，并对其具有显著的促进作用。然而，国外学者对于 M2/GDP 及其合理区间尚未有更多的研究。自 20 世纪 90 年代以来，我国 M2/GDP 持续冲高，学者也开始对这一指标的演进趋势与适度区间进行了一些研究。一些学者通过国际比较对 M2/GDP 的走势进行判断。朱艳敏（2001）利用中国近 11 年 M2/GDP 变动趋势和水平方面的数据，探究 M2/GDP 迅速上升的原因，作者通过国际比较发现中国的 M2/GDP 不仅高于美国、日本和德国等发达国家，更远超印度、墨西哥等发展中国家。黄昌利和任若恩（2004）对我国 M2/GDP 在 1978—2002 年的长期趋势和周期性趋势进行了国际比较，作者通过回归结果得出中国 M2/GDP 呈现长期上升与周期性叠加的趋势,长期内呈上升走势,经济上升期下降而经济衰退期上升。都星汉等(2009)通过对处于不同经济发展水平国家的 M2/GDP 及趋势进行分析,发现 M2/GDP>1 不只是中国独有的现象,世界各国的 M2/GDP 均出现持续上升的趋势。作者指出信用货币制度下任何国家 M2/GDP 均未呈现完整的"倒 U"形,反而有更多国家出现 M2>GDP 现象,且差距不断增大,呈现"喇叭口"的趋势。另外一些学者通过实证分析来判断 M2/GDP 的短期趋势、长期趋势以及周期性趋势。刘明志(2001)指出 1980—2000 年中国的 M2/GDP 呈逐年上升趋势,反映出同期货币需求水平不断上升的现实。除长期走势以外,谨慎动机引起的货币需求具有逆周期波动性,中国的 M2/GDP 还呈现一定的逆周期变动趋势。无独有偶,赵龙(2008)通过建立动态 IS-LM-BP 模型,对 M2/GDP 持续走高这一经济现象进行分析,结果表明一国的资本市场变化将会影响各个经济变量,从而对从原来的均衡点向新的均衡点转换的过程中的变化路径产生复杂影响,进而对 M2/GDP 的变动趋势产生影响。张天琪(2010)从凯恩斯货币需求理论角度考察经济因素变化对 M2/GDP 的影响,结果显示中国的 M2/GDP 长期呈上升趋势,并于 1992 年超越西方国家货币化路径"折点"值 0.9,在 20 世纪 90 年代中期突破 1 的关口并继续加速上升。陈德胜和郑后成(2015)分析了 M2/GDP 的发展历程,对我国 M2/GDP 趋势进行判断,指出判断 M2/GDP 的走势实质上就是判断 M2 的增长速度与 GDP 的增长速度孰大孰小。若 M2 增长速度大于 GDP 增长速度,则 M2/GDP 上行,反之下行。短期内

M2/GDP 涨势依旧，长期将遇拐点，随着存款利率的逐步放开以及产业结构转型升级的实现，预计拐点将出现在 2020—2030 年。余永定（2002）通过建立动态宏观经济模型研究 M2/GDP 的增长路径，发现我国 M2/GDP 将随时间的推移逐渐趋于稳态值 2.5。韩平和李斌（2005）在余永定研究的基础上，发现我国 M2/GDP 的变动路径呈 Logistic 曲线基本形状，将经历先加速上升后增长速度减缓最终趋于稳态的变动过程，得出我国的 M2/GDP 的增长极限为 3.42，且增长拐点可能出现在 2011—2015 年。郭浩（2002）利用货币需求理论得出 M2/GDP 与经济增长率和储蓄率相关的公式，结果表明我国的 M2/GDP 的极限值在 2 附近，远大于 1。杨云等（2014）利用最优控制论中的最大值原理，通过建立动态方程系统解出我国 M2/GDP 的动态均衡值处于 [2，2.5]。赵春哲和王军（2014）从货币职能角度入手，认为目前 M2/GDP 的上限值应为 2.1 左右。张一和张运才（2016）基于信贷综合平衡的分析视角，对 1985—2015 年的 M2/GDP、潜在货币占比、贷款占比、通货膨胀率、真实经济增长率进行分析，结果表明 M2/GDP 趋于稳态值 2.32。通过以上学者的研究，可以看到对于 M2/GDP 的合理水平并没有得出一致的结论，且方法论的拟合度也有待进一步完善。

（二）对我国超额货币 M2 的趋势分析

我们知道经济的发展离不开资本扩张，虽然广义货币供应量 M2 增长速度越快，越能推动经济增长，但是会导致物价上升。M2 与经济增长的关系可以看作社会总需求与总供给的关系，总需求指各经济交易部门在一定时期以货币表现的支付能力的总和。罗默（2003）指出，M2 是否适度应以经济增长对货币的需要量为参照来进行判断。下面对 M2 的未来走势与适度增长速度方面的研究进行总结。在广义货币供应量 M2 的未来趋势判断方面，学者普遍偏好 ARMA 或 ARIMA 模型，然而这类模型仅仅适合短期预测，如孙亚星和徐庭兰（2009）运用 ARMA（6，2，0）模型对货币供应量进行拟合和预测，结果显示短期预测的精度和稳定性较高。薛俊强（2012）运用 ARIMA 模型对我国广义货币 M2 的时间序列进行建模，得到拟合优度较高的线性回归方程，然后利用回归方程对 2012 年 8 月至 2013 年 3 月的广义货币 M2 进行了预测，结果表明预测精度较高。李浩然（2014）以广义货币供应量 M2 的历史信息为背景，分析了 1999 年 12 月至 2014 年 4 月我国广义货币供应量的变动规律，并根据历史数据构建 ARIMA 模型，随后对模型进行检验和适当调整，之后通过构建 GARCH（2，1）模型进行预测分析。刘松源（2015）根据 2004—2014 年的 M2 走势，预计到 2020 年 M2 总值可能会达到 180 万亿—200 万亿元。徐明昌（1999）通过基本公式法得出 1999 年广义货币 M2 增长空间应为 14%—20%。罗仁贵（2005）根据我国经济增长率和物价波动的稳定区间，认为年均增长 13%—15% 的调控目标是合理区间。然而，笔者认为基本经验公式已逐渐失去效力，因为它一方面未能充分反映我国直接融资不断加快的事实，另一方面也没有考虑我国货币流通速度的变化。另外，一些学者通过实证分析来预测 M2 的增长速度区间。如许涤龙和陈黎（2002）通过构造货币供求增长率偏差系数得出我国货币供求偏差的正常范围是 [−0.8，0.8]。苏远琳和崔红卫（2007）认为，若使国内生产总值增长保持在9%（不变价计算）左右，那么 M2 增长率控制在 16%—19%为宜。李旭东（2008）用带有动量项和自适应学习率的 BP 神经网络计算得出 2008 年、2009 年 M2 增长率分别在17.17%和17.20%左右。雷祥善（2015）通过实证分析得出之后 M2 的增长速度区间为 [0.86%，2.56%]。

（三）对我国货币流通速度的趋势分析

对"高货币之谜"的一个合理解释是，在货币供给量逐渐增大时，货币流通速度会持续下降，一定程度上抵消了宽松型货币政策的效果，使货币供给超过经济增长发行的趋势长期存在。下面对其趋势研究进行综述。早在 20 世纪 80 年代，学者就已经认识到货币流通速度是变化的，并探讨其变动的方向性和规律性。黄达（1984）指出，货币流通速度要兼顾其年度变化较小以及不断变动的变量特征。而最早利用时间数据对货币流通速度进行回归分析的学者当属林继肯（1985），他得出货币流通速度 V 与时间 T 的回归方程为 $V = 9.418 - 0.088T$（$T = 1955, 1956, \cdots, 1983$）。周骏（1987）指出，随着社会主义建设的发展，现金的流通速度会呈现减慢的趋势。可以看到，这一时段学者主要对我国的货币流通速度做定性研究，缺少实证的支撑，对于未来趋势的判断缺少例证。20 世纪 90 年代以来，学者对货币流通速度的变化趋势的研究更加深入和完善。艾洪德（1994）认为，货币流通速度变慢的趋势是有规律性的，正常情况下一国在经济起飞时期要比经济正常发展时期的货币流通速度呈现更快的下降趋势。施锡铨和夏国忠（1999）通过时间序列模型得出名义的和真实的货币流通速度均呈对数线性（或负指数）规律递减，且名义货币流通速度的递减速度通常慢于相应的真实货币的流通速度。何运信（2006）认为，货币流通速度可分为交易速度和收入速度，如果以收入速度衡量，我国货币流通速度已呈现明显的下降趋势。贾康和孟艳（2011）研究发现，21世纪以来我国货币流通速度的持续下降态势已经发生转变，表现出以降为主、有降有升和降幅趋缓的特点，其短期波动更加难以把握。学者不仅通过我国发展来判断货币流通速度下降趋势，也通过国别比较来论证货币流通速度的趋势。如唐国兴和徐剑刚（2006）通过横向考察120个不同经济发展阶段的国家，得出从不同国家的横向比较来看，货币流通速度会随人均收入的上升而呈现下降的趋势。谢亚轩和蔡瑞文（2010）也将中国、美国和欧盟进行了横向比较，他们认为中国将进入货币流通速度的上升区间。雷小果（2013）指出，2007年以来我国广义货币流通速度已降到0.62，超过日本成为全球主要经济体中货币流通速度最慢的国家。对于拐点的判断，胡援成（2000）给出结论，他认为我国已然呈现出狭义货币流通速度的"U"形趋势，但广义货币流通速度拐点尚未出现。吴燕芳（2008）认为，中国已接近走完"U"形曲线的左边，开始出现右侧上升的迹象。总体来看，对货币流通速度的变化趋势判断没有统一。我国学者曾经一度对货币流通速度很少关注，默认货币流通速度很稳定，对货币需求和宏观经济影响也较小，直到改革开放以来，货币流通速度持续下降的现象才逐渐引起学者的关注。对于货币流通速度稳态的判断，戴国强（1995）认为，发展中国家货币流通速度变化较大，会在较长时间内呈现出不稳定状态。贾康、孟艳（2011）也认为，当前我国货币流通速度呈现出不稳定、难估测的特征，在不断累积的通货膨胀压力背景下，货币流通速度发生突变的可能性变大。而秦朵（1997）认为，简单地套用货币数量论得到货币流通速度下降的结论会隐藏事实的真相，当引入制度因素做货币需求模型的计量分析时，就会发现我国的货币需求呈现出较强的稳态特征。耿中元和黄明（2007）也认为改革开放以来，我国货币流通速度的数据生成过程并没有发生结构性突变。可见，学者对我国"高货币之谜"的演进趋势以及合理区间的判断意见不一。

第二节 中央银行独立性与"高货币之谜"

中国人民银行作为发行的银行、银行的银行以及"政府的银行"，自1948年成立之初就对金融领域以及整个经济的调节方面发挥着举足轻重的作用。William Roger就曾说过，中央银行、车轮和火被称为人类时代的三项发明。在我国，中央银行作为政府的管理机构，独立性相对受限，其追求的目标并不是利润最大化，而是为维持经济增长速度、货币稳定和金融稳定而存在的。在现代信用制度下，中央银行作为货币供给的源头，有必要拥有一定的独立性，随着各项法制法规的不断完善，中央银行的独立性正在逐步强化。马克思曾经说过：中央银行是现代信用体系的中心。在货币发行方面，中央银行具有决定性的权力，根据经典的货币数量理论和货币的信贷传导机制，中央银行的基础货币构成了广义货币供给的原始推动力,那么中央银行的独立性或者说货币政策的稳定性对于货币发行和创造具有哪些影响呢?下面将对中央银行独立性和货币政策稳定性与"高货币之谜"的相关研究进行总结。

一 国内研究进展

国内关于中央银行独立性的讨论开始于 20 世纪 80 年代,但理论和实证的研究相对较少。我国的中央银行体制在 1983 年才正式确立,那时的中央银行并没有独立的概念,时至今日关于中央银行独立性概念的界定,也没有一个较为清晰的定义。普遍认知的中央银行独立性是指中央银行相对于政府的独立性。国内较早研究中央银行独立性的学者可以追溯到郑先炳(1995),他认为中央银行可以部分承担政府的职能,不一定要完全脱离政府的存在,其独立性也是相对独立性,中央银行要在制定和执行某些货币政策时有一定的自主权。翁凯宁和张胜旺(2000)通过述评中央银行独立性指标的文献,也认为中央银行的独立性可能受政府目标的制约。魏强和陈华帅(2009)认为,如果中央银行不能有效脱离政府,那么中央银行最终都会选择妥协,无法有效执行货币政策,而是屈从于满足政府的偏好需求选择经济增长速度而牺牲通货膨胀。弗里德曼曾经说过,通货膨胀无论何时何地都是一种货币现象,所以有关的货币供给问题自然离不开通货膨胀问题,那么关于中央银行独立性和"高货币之谜"的探究,一定程度上也可以转为基于通货膨胀的解释,国内关于中央银行独立性与货币相关的研究主要基于与通货膨胀相关的研究。徐广军和王明明(2001)认为,支撑中央银行独立性就要论证政府和中央银行的目标不一致，从而避免因过度超发货币导致的通货膨胀问题。通过比较一些实证研究（马光，2003；张旭，2002；陈晓枫，2007；等等）可以发现，关于中央银行独立性和通货膨胀关系的结论并不一致，他们分别通过测度中央银行的独立性指标来论证中央银行的独立性和通货膨胀的关系，马光认为两者关系不确定，而张旭等却认为独立性越高越有助于物价稳定。盛雅楠（2013）测度了我国中央银行的独立性（LS测度），并通过实证分析探究了中央银行的独立性和通货膨胀的负相关关系，认为中央银行的独立性可控制通货膨胀走向恶化。关于中央银行独立性理论方面的研究，国内较为规范的有陆磊（2005），他试图运用非均衡博弈模型来论证我国中央银行的微观独立性和最优金融稳定规则的制定。苗文龙（2006）通过构建博弈模型分析中央银行宏微观独立性对货币稳定、金融稳定政策有效协调的影响。虽然我国中央银行的独立性受限，但是其独立性却是一直在加强的，中央也在为此积极努力。范方志（2005）就曾指出，我国可以借鉴美联储、欧洲中央银行和日本银行的实践经验，但也要结合我国的特殊实际，辩证地看待中央银行独立性问题，整体来看我国的中央银行独立性在逐步加强。孙凯和秦宛顺（2005）通过构建多种货币政策时间不一致的数理模型，指出进一步强化中国人民银行独立性的方向。魏强和陈华帅（2009）利用SVAR方法指出中国人民银行从1984年正式成立到现在独立性逐步强化。尹继志（2010）通过构建中央银行目标函数对中央银行独立性、收入不平等和通货膨胀间的作用机制进行了理论分析，并通过实证分析发现中央银行独立性的加强可以有效抑制收入不平等引起的通货膨胀。陈平（2014）通过构建福利损失函数得出，既负责价格稳定又负责金融稳定的中央银行不能达到社会福利的最佳水平，认为中央银行既要保持宏观审慎的独立性，也要保持政治上的独立性。可以看到，国内关于中央银行独立性和"高货币之谜"的研究相对较少，这也为本书后续工作提供了研究空间。

二　国外研究进展

有关中央银行独立性和货币政策稳定性理论方面的文献梳理如下。从 Kydland 和 Prescott（1977）建立中央银行独立性模型，提出动态不一致理论，到以 Krugman（1979）为代表的第一代储备抛售式货币危机模型，再到以 Obsfled（1986）为代表的第二代投机攻击型货币危机模型，中央银行始终不具有微观运行性质。按照西方货币理论，如果中央银行不能和政府有效分离，财政政策和货币政策会不断发生冲突，政府最终都会选择牺牲物价稳定而促进经济增长。因此，中央银行的独立性会影响到中央银行的货币政策对最终目标的权衡。在 Prescott 和 Kydland（1977）提出动态不一致理论，并由 Barro 和 Gordon（1983）等扩展到货币政策领域之后，为了解决通货膨胀偏差问题，避免相机抉择政策的出现，Rogoff（1985）提出声誉模型（Reputation Model），并且发展为授权模型（Delegation Model）；Susanne（1992）拓展了 Rogoff 的模型，提出"部分独立的货币政策委员会"制度；Walsh（1995）从最优激励合同的角度分析了货币政策的授权方式等。上述用于缓解货币政策动态不一致性的模型都要求中央银行（或货币政策委员会）能够独立地执行货币政策，即提高中央银行的独立性，这有利于降低由动态不一致性带来的通货膨胀偏差。国外关于中央银行独立性和通货膨胀相关性的研究较为多见，大部分人认为中央银行独立性和通货膨胀成反比关系，如 Bernake（1999）从货币政策透明度的角度出发，认为中央银行独立较强国家的自然通货膨胀效果要好一些。Cecchetti（2002）和 Corbo 等（2002）通过构建中央银行通货膨胀厌恶系数，认为通货膨胀目标下中央银行的独立性更强，控制通货膨胀的效果也更好。Klomp 和 De Haan（2010）通过实证分析发现中央银行独立性和通货膨胀存在负相关关系。然而，通过梳理国别比较类文献可以看到，对于发达国家而言，中央银行独立性与通货膨胀率较低有关（Alesina，Summers，1993；Arnone，Romelli，2013；Cukierman，1992；Klomp，De Haan，2010；Persson，Tabellini，1990）。而对于发展中国家来说，并没有有力证据表明合法的中央银行独立性与通货膨胀之间存在普遍的负相关关系（Bagheri，Habibi，1998；Crowe，Meade，2007；Cukierman，1992；Desai et al.，2003；Klomp，De Haan，2010b）。除了探究中央银行独立性和通货膨胀之间的关系，近年来国外学者逐渐将中央银行独立性、货币政策透明度和通货膨胀纳入统一分析框架，这方面的研究也较为丰富。如 Crowe 和 Meade（2008）就曾指出，独立性越强的中央银行，其政策透明度往往越高，通货膨胀水平也越低。Dincer 和 Eichengreen（2014）通过报告 100 多家中央银行的独立性，得出中央银行独立性和政策透明度正在稳步推进，且通货膨胀等因素会影响中央银行独立性的结论。通过文献整理可以看到，国外学者较多地关注中央银行独立性和通货膨胀的关系探究方面，理论和实证方面都取得了较为丰富的研究成果。然而，对于中央银行独立性和"高货币之谜"因果关系方面的研究较少，这也为本书后续研究提供了空间。

第三节　商业银行行为与"高货币之谜"

根据货币的信贷传导机制，广义货币供给量 M2 通过商业银行信贷循环创造出来，所以商业银行的信贷投放行为对"高货币之谜"的产生具有重要影响。根据 1994 年 10 月中国人民银行颁布的《中国人民银行货币供应量统计和公布暂行办法》对货币供应量指标的层次划分，各层次的货币概念定义如下：M2＝M1+城乡居民储蓄存款+企业存款中具有定期性质的存款（单位定期存款和自筹基建存款）+外币存款+信托类存款。其中，M1 为狭义货币，M2 为广义货币，M2 与 M1 差值为准货币。此后，中国人民银行对 M2 的口径与内涵先后进行了三次调整。第一次是自 2001 年 7 月起，将证券公司的客户保证金计入 M2，包含在其他存款项目里面，然而这部分资金主要来自居民储蓄和企业存款。尤其是在企业新股认购时，大量的居民活期储蓄和企业活期存款会转化为客户保证金。第二次是自 2002 年 3 月起，将中国的外资银行、合资银行、外国银行分行、外资财务公司及外资企业集团财务公司等外资机构有关的人民币存款业务，分别计入不同层次的货币供应量。第三次是自 2011 年 10 月起，将住房公积金中心存款和非存款类金融机构在存款金融机构的存款纳入广义货币供应量的统计范畴。由此可见，当前的 M2 口径已较 1994 年的指标推出之初时有了更广泛的内涵，尽管中央银行一次次地修改 M2 的统计口径，仍然较其真实内涵有些差距。因为 M2 在理论上被定义为基础货币通过银行信贷循环创造派生后形成的广义货币量。在实践中实际估计出信用派生能力是非常困难的，因此统计上通常利用各项存款数据对 M2 供应量加以估计，这才有了中央银行一次次调整广义货币 M2 的统计口径。根据广义货币供给量的存款定义，商业银行的存储行为和资产负债表变动是解释高额货币供给的一个较为关键的视角。

一 商业银行存款行为与高货币

我们知道，分析公众存款规模的增长仍需从存款的供给方和需求方着手。从存款的供给角度看，按所有者来源可将公众存款的经济主体划分为居民、企业以及政府，由于我们的重点在于分析存款与广义货币的关系，所以并不加以区分各经济主体的行为，将其统称为公众。从中央银行公布的广义货币供给量计算公式来看，公众存款构成了广义货币的准货币量的主要部分，实践结果也给出了例证（秦朵，2002；王国刚，2011；等等）。从存款的需求角度看，一方面由于我国正处在市场化进程当中，投资渠道缺乏，金融创新工具较为单一，因而公众的金融资产积累途径较为单一，大都以存款的形式被金融机构（尤其是银行）所吸收。另一方面基于货币预防需求的动机，由于社会保障机制的不健全，加之收入不确定以及经济形势的不明朗，公众倾向于积累存款以备不时之需。近年来，国内外学者通过诸多文献从中国高储蓄率角度来解读我国的"高货币之谜"形成机制（李扬、殷剑峰，2007；曾令华，2001；何新华、曹永福等，2005），他们认为我国的高储蓄率可以解释超额货币供给量（董青马、胡正，2011），曾令华（2001）也认为中国居民的储蓄率过高是造成我国超额货币供给的重要原因。尤其是2008年国际金融危机以来，一些人认为我国的高储蓄率是加重国际金融危机影响的重要因素，即居民储蓄行为包括高储蓄率方面的研究是探究我国的"高货币之谜"产生的关键因素。在公众的存款需求下，商业银行的存款竞争行为也会一定程度上影响公众的储蓄行为，成为推高M2的重要因素。郭铭文（2006）就曾指出，市场经济背景下商业银行存款的稳定性是商业银行和公众存款者互相作用的结果。关于商业银行存款竞争行为方面的研究较为丰富，如雷震和彭欢（2009）通过构建我国银行业地区差异和存贷款差异特征的结构模型，实证分析发现我国的存款市场竞争弱于贷款竞争，其竞争模式介于完全垄断和古诺均衡两者之间。杨金荣（2014）通过总结商业银行的存款竞争理论，得出国内商业银行存款竞争面临金融"脱媒"速度加快、利率市场化、现代信息技术发展、商业银行转型以及监管政策调整等诸多挑战。徐宁（2018）通过分析中国商业银行存款价格竞争的特点，认为中央银行需采取一些方法规避存款定价过度竞争的风险。张孟（2016）回顾了商业银行吸收存款能力的影响因素，并将商业银行和社会保障体系结合起来，通过实证分析发现我国的商业银行总体存款吸收能力表现较好，总存款量不断增长。通过以上文献梳理可以看到，有关公众存款行为、高储蓄率以及商业银行存款竞争方面的研究较为丰富，我们将在学者研究的基础上探究商业银行存款竞争行为如何影响公众储蓄行为，进而影响"高货币之谜"的产生机制。

二 商业银行资产负债表与高货币

我们认为，要理解 M2/GDP 畸高的原因，就需要对一国货币产生机制进行系统的分析，以整体把握我国的高货币问题产生的机制。根据 M2 的理论定义，我们知道 M2 实际上是基础货币通过信贷循环创造出来的，即从某种意义上讲，M2 是通过货币乘数循环创造出来的，广义货币 M2 通过信贷活动流入经济体，进而对 GDP 产生贡献。也就是说，广义货币 M2（存款）是由贷款创造的，先有贷款才有存款，在银行的资产负债表中，除一部分存款准备金外，有多少贷款就会对应相应数量的存款 M2。也就是说，M2 统计的是金融机构负债方（对应实体经济的资产方），表征金融体系对实经济提供的流动性和购买力，反映了社会的总需求（盛松成，2018）。货币供给的源头在中央银行，向商业银行提供的基础货币，构成了商业银行进行资产负债表扩张的基础，进而创造了广义货币 M2。有关中央银行资产负债表扩张的研究较为多见（黄燕芬、顾严，2006；李治国，2007；谢平、张怀清，2007；Spindt，1984；Stella，Lönnberg，2008；Philipp，Howden，2016；Brainard，2017；等等）。广义货币供应量 M2 的变动主要有两个影响因素，除了基础货币，另一个是货币乘数。在经典的货币金融学理论中，二者相等于 M2。影响货币乘数的因素包括存款准备金率、现金在存款中的比率。我们知道，我国是以间接融资为主的国家，资金融通绝大部分由银行作为媒介，直接融资比率非常低，那么商业银行资产负债表结构一定程度上能反映出广义货币 M2 的供给状况。一些学者据此展开了分析，如徐斯旸和查理（2017）在文中提到，在以间接融资为主的融资体系中商业银行资产负债表的扩张不断推升着货币供给量，进而推高了货币化水平，但是他们并没有进行深入论证。张春生和吴超林（2008）从商业银行的资产负债表角度指出存贷差和不良资产是导致高货币化的最主要因素，但是所用指标不全，且就像作者所说，不良贷款率缺乏数据支撑，没有进行实证分析。吴晓灵（2013）指出商业银行的存贷比指标和贷款指标控制扭曲了商业银行行为，需要充分发挥商业银行自身资产负债表的管理能力。李治国（2007）从货币当局的资产负债表角度指出货币当局的资产负债结构可以影响公众和商业银行的资产负债结构，并进而影响基础货币和乘数。基础货币通过商业银行的存款创造及公众流通而形成货币供应量的放大倍数。考虑到我国是以间接融资为主的国家，受到这些学者的研究启发，本书试图从商业银行资产负债表角度研究我国转型时期的货币供给决定机制，解析我国货币供应量持续增长的微观基础与相关机理，并通过商业银行资产负债表的结构性变动进行实证解释。

三 商业银行信贷投放与高货币

根据 M2 的理论定义，我们知道 M2 实际上是基础货币通过信贷循环创造出来的，即从某种意义上讲，M2 是通过货币乘数创造出来的，广义货币 M2 通过信贷活动流入经济体，进而对 GDP 产生贡献。也就是说，广义货币 M2（存款）是由贷款创造的，先有贷款才有存款，在银行的资产负债表中，除一部分存款准备金外，有多少贷款就会对应相应的存款 M2。既然已有统计数据表明，M2/GDP≫1（2018 年已达 2.03），也就是说等量的 M2 对 GDP 的贡献少了，那么多出来的 M2 究竟去哪儿了？除了一部分 M2 通过信贷活动流入虚体经济（股市、债市、基金）等，未对 GDP 产生贡献，还有一部分以何种形式存在呢？为此，我们认为，之所以造成我国高货币比值长期有增无减的状况，除我国特殊的融资体制——以银行为主导的间接融资为主（李国疆，2001；谢平、张怀清，2007；陈雅莎，2014；等等），以及一部分 M2 除了流入非生产性部门以外，或许更深层次的原因在于我国特殊的"贷多回少"的现状。有些学者也部分指出这一问题，李国疆（2001）指出，较高的 M2/GDP 带来的风险实际上是融资体制的风险，政府主导型的信用融资机制是 M2/GDP 呈现持续上升的主要原因。张杰（2006）指出，政府部门对银行体系的有效控制和居民部门对银行体系的高度依赖是我国 M2/GDP 高于其他国家的金融制度原因。谢平和张怀清（2007）认为，银行主导的金融系统和商业银行不良贷款的存在是导致 M2/GDP 异常升高的主要因素。究其原因，必定是 M2 的信贷传导机制在某个环节出了问题，致使较多的 M2 没有顺利地流入实体经济或者是即便流入实体经济却没有产生相对应的产出，进而导致广义货币 M2 虚高而产出偏低，从而导致 M2/GDP 偏高。鉴于此，我们将通过一套完整的信贷传导机制来解释造成我国高货币的深层原因。

通过回顾 M2 的理论定义，我们知道存款是由贷款创造的，即先有贷款后有存款，所以我们需要抓住的核心是贷款是怎样贷出去的，贷出去后能否产生效果，以及贷款能否收回的问题。当然，信贷创造过程中的基础货币是由中央银行创造的，而根据我国的强制外汇结算制度，这一制度的存在使中央银行被动地通过发行货币的方式保有大量的外汇余额，因为面对外汇储备的增加中央银行要发行与之等额的人民币。近年来我国的外汇储备一直很高，所以高额的外汇占款也是造成高货币问题的一大原因，然而即便因巨额外汇占款的存在要被动地发行超额的货币，但如果能够顺利有效地流入经济体，对 GDP 产生贡献，应当也不会造成 M2/GDP 畸高的问题。所以，我们认为一套完整的货币信用传导机制必然包括货币入口和出口，即外汇储备—基础货币—贷款（信贷循环）—实体经济—GDP。当然，在货币传导机制的每个环节必然是有分流的。譬如基础货币通过信贷循环创造出的存款，部分是以法定准备金和超额准备金的形式存在的，且创造出的贷款可能部分流入实体经济以外的部门（虚拟经济），由于我国的金融市场尚处于发展中阶段，银行通过基础货币衍生出的存款大部分还是以实体经济的形式存在的（房地产在一定程度上也是实体）。这里我们重点关注传导机制这一链条上的循环过程，因为分流的部分毕竟是少量的，并不影响我们对这一问题的探究。

广义货币 M2 的信用传导机制为：外汇储备—基础货币—贷款（信贷循环）—实体经济—GDP（及其往复循环过程）。只要整个传导环节未出现断裂，那么 M2/GDP 应当不会出现过分异常的问题。若出现贷款未有效收回或者等量贷款未对 GDP 产生等量贡献，那么 M2/GDP 自然会发生异常。很多学者也发现,正是货币传导机制的部分环节出现断裂造成了我国 M2/GDP 出现异常(颜竹梅等,2009；范从来、王勇,2014；张春生、吴超林,2008；汪洋,2007；曾康霖,2005；等等)。譬如,曾康霖(2005)认为,国有银行的不良资产状况不容乐观,M2/GDP 持续上升表明我国金融资源配置不节约。以上学者大部分都是从不良资产、融资结构角度来论证我国 M2/GDP 较高的原因。较少学者意识到政府对银行体系的控制,使信贷资源较多配置到效率低的部门中,导致 M2/GDP 异常(Pan et al.,2016；许坤、黄睨宜,2014)。信贷资源错配使信贷资金流向了效率低的领域,引起要素生产率降低,进而引起 GDP 下降,最终导致贷款需求降低。据统计,非国有企业从银行获得的贷款占银行信贷总量的比例不足 20%,私有企业在信贷市场中往往不如国有企业那么容易获得商业银行的支持。饶品贵和姜国华(2013)发现,虽然非国有企业整体的经济效益比国有企业要更好,但却没有获得足够的信贷支持,因此他们认为中国的信贷资源并没有实现合理的配置。马草原和李成(2013)也发现,货币政策的调控高度依赖国有经济渠道,而国有投资比重变化引起的经济效率变化将最终影响货币政策的有效性。他们还发现,在宽松型货币政策下金融资源的错配效应更容易被放大。

第四节 地方政府行为与"高货币之谜"

一 地方土地财政与晋升机制

近年来,中国经济进入一个高货币、低增长的阶段,广义货币供应量（M2）的增长速度保持在13%以上，特别是在2009年M2增长速度已高达29%。从历史阶段来看，我国的M2增长速度维持在较高的水平，但是在2008年国际金融危机以后，与之前M2高速增长不同的是，伴随着货币增发的高速，我国的GDP增长速度却在持续下降。货币增发和经济下滑并存直接导致的结果就是M2/GDP不断攀升，从2008年前的1.5一路攀升到2018年的2.03左右。经验表明，一国经济发展水平的提高，通常伴随着广义货币量的增加，这意味着M2/GDP的提高是经济发展水平提高的结果。然而，我们发现我国M2/GDP的攀升并不能简单以经济发展水平来解释。因为从国际比较看，我国的M2/GDP不仅远高于处在同一发展水平的国家，而且也远高于大多数发达国家。对此，学术界认为我国M2/GDP的攀升主要是由于货币的需求和供给等方面的原因导致的，如经济货币化理论、经济虚拟化理论、金融资产结构单一化理论、银行不良资产理论、金融风险、金融发展和深化等（汪洋，2007；李建，2007；徐长生等，2016），且大多数文献是基于宏观层面的分析，较少文献从区域层面分析"货币之谜"。

货币从本质上讲既是国家的债务凭证，也是财政赤字的票据表现。因此，近年来的货币高速增长现象一定程度上也要归因于财政政策的扩张，具体表现为地方政府竞争性土地出让行为的加剧，形成了"土地出让金增长—财政收入增长—政府投资增长—银行信贷增长"的链式反应，导致更多的货币被创造出来。我国自分税制改革以来，地方政府在财政方面的开支变得灵活和便利，一定程度上提升了政府财政激励，各地方政府展开了激烈的财政竞争；中央的晋升"锦标赛"的考核机制在一定程度上也加剧了这一竞争（周黎安，2007；王文建、覃成林，2007）。当前，我国经济发展已经进入了新常态阶段，地方公共财政收支已由过去的两位数增长进入了个位数增长的态势，如何寻找新的财政收入增长点便成为地方政府面临的一道难题。而在现有的体制下，土地归地方政府掌控，那么土地财政便是地方政府获取财政收入的重要途径。然而，地方政府过度依赖土地财政必然会产生一系列负面效应。譬如，郭珂（2013）就曾指出，地方政府过度依赖土地财政与财政缺口推高了房价。齐红倩和席旭文等（2016）指出在城镇化进程中，土地财政是地方政府追求政绩过程中诱发腐败的重要因素。贾康和刘薇（2012）认为，地方政府过度依赖土地出让会造成房价升高、公共服务供应缺乏以及土地资源配置扭曲等问题。李祺（2015）也指出，地方政府对土地财政的依赖以及追求本级财政利益的最大化，导致城市空间无序扩张、地方政府债务风险加大等问题。过往的研究表明地方政府之间存在竞争应归因于中国财政联邦制度和晋升"锦标赛"机制，正是这一制度强化了地方政府之间为 GDP 指标而竞争（朱浩、傅强等，2015；曹春方、马连福等，2014）。而且，地方政府往往会加大基础设施建设支出而减少民生性支出（傅勇、张晏，2007）。对于投资效率的持续恶化，从资本产出回报等方面考察，中国的投资回报率都在下降（张军，2002；刘宗明，2013；白重恩、张琼，2014）。通过梳理文献我们发现，关于地方政府土地财政和货币之谜有较为丰富的研究成果；然而，有关土地财政和货币之谜两者关系方面的研究却相对较少。张锐（2013）认为，地方政府庞大的土地出让收入推动了银行信贷的高增长，使更多的货币被创造出来，却没有进行深入的分析和论证。Liu（2015）通过构造土地出让与货币供给的实证模型，发现土地供应对广义货币供应的增长影响显著，甚至超过了外汇储备，却没有规范性地阐明土地供应背后的机理，事实上正是地方政府的竞争机制导致了土地的过度供应。本书试图弥补这些不足，已有的理论和实证结果表明地方政府过度依赖土地财政以及"锦标赛"晋升机制将会在一定程度上推高 M2/GDP。

二 信贷资源错配与高货币

近年来，关于信贷资源错配相关的文献多有涉及（江小涓，1995；鲁晓东，2008；张佩、马弘，2012；张杰，2016；谢千里、罗斯基、张轶凡，2008；等等）。刘小玄和周晓艳（2011）从微观层面考察了工业企业的信贷资源配置情况。研究发现，在同等规模下，B 类企业的融资成本和利率弹性均显著高于国有企业，融资资源的配置与企业利润的相关性很弱，甚至经常负相关，表明信贷资源的配置效率很低。饶品贵和姜国华（2013）利用上市公司 1998—2008 年的数据研究了货币政策紧缩期的信贷资源配置及其经济后果，发现在货币政策紧缩期信贷资金的边际增加将导致企业业绩下一年度有更好的表现和更高的增长。同时，这种关系主要体现在非国有企业上，表现为非国有企业整体的经济效益更好却没有获得足够的信贷资金。Pan 等（2016）从信贷错配的视角研究了中国 M2/GDP 高企的原因，作者利用省级数据验证了信贷资源在国有企业和非国有企业之间的错配,并导致了信贷资源的无效配置,产生了区域性的流动性过剩,这一信贷错配的趋势在2008年后得以强化。战明华(2015)研究了银行信贷渠道下信贷资源在产业间配置的机理,得出银行信贷渠道的强化对产业结构升级具有结构性错配效应,而紧缩型货币政策则显著地放大了这一效应。企业的国有属性强化了银行信贷渠道的信贷资源错配效应,经济中国有比重的提高对于信贷资源错配具有显著的强化作用。刘瑞明(2013)较为全面地综述了国有企业的效率问题。许召元和张文魁(2015)研究发现,国企改革可以通过提高资本边际产出、改善资本动态配置效率、促进TFP增长和发挥对其他企业的外部溢出效应等途径提振经济增长速度。通过梳理文献可以看到,诸多文献研究了资源错配对于经济增长的影响(张建华、邹凤明,2015)。钟宁桦等(2016)指出,我国国有企业债务出现结构性错配问题,得出2003—2013年整体表现为"去杠杆化"的过程。但是2008年以后大型国有和上市公司的债务却在上升,资金配置对国有企业的倾向性越来越强。本书基于以上文献,结合理论和实证分析,探讨在土地财政和"锦标赛"晋升机制下,地方政府通过干预商业银行的信贷资源配置,将信贷资源过多地投放到国企和房地产类企业中,是否导致信贷资源错配现象严重,从而在一定程度上推高了M2/GDP。

第五节 文献评述

通过以上有关"高货币之谜"文献的总结和评述可以

看到，目前对于"高货币之谜"、中央银行独立性、商业银行行为以及地方政府行为方面的研究已经取得了较为丰富的研究成果。通过回顾"高货币之谜"相关文献，发现现有研究还存在不足，主要表现在以下几个方面。

第一，中央银行独立性和货币政策稳定性与"高货币之谜"的关系研究较少。从过往研究看，国内外学者大多关注对中央银行独立性和通货膨胀之间的关系探究，但对中央银行独立性概念和如何测度意见不一。国内学者关于我国中央银行独立性和"高货币之谜"现象关联性的解读更是少见，并未将中央银行独立性和"高货币之谜"纳入统一框架进行解释，本书正是弥补了这一研究的不足。笔者从中央银行独立性和货币政策稳定性角度对"高货币之谜"进行了深度解读，结果表明正是我国中央银行独立性相对受限推高了 M2/GDP。本书借助国别比较和博弈数理模型得出，中央银行在受到外部冲击时，由于稳增长约束的存在导致货币"易放难收"，最终形成高货币与低增长速度并存的局面。

第二，过往关于商业银行行为和"高货币之谜"相关的研究并未充分注意到商业银行在信贷传导机制过程中的作用机理，以及这一机理如何影响高货币现象的反馈机制。首先，以往研究主要是从广义货币供给量 M2 概念出发，较多地关注商业银行存款与高货币的概念性界定，并未充分关注商业银行间的存款竞争行为如何影响高货币供给。本书通过构建博弈模型得出商业银行的存款竞争行为在一定程度上助推了广义货币供给，成为推高 M2/GDP 的重要因素。其次，过往的研究虽有提及商业银行资产负债表的扩张使货币化水平偏高，但并没有进行深入论证，也没有进行结构性分析，更缺乏机理分析和实证数据支撑。本书试图对商业银行资产负债表扩张导致"高货币之谜"进行理论分析和实证验证，结果表明商业银行资产负债表的结构性扩张行为在一定程度上推高了 M2/GDP。最后，过往的研究对于商业银行信贷资源错配的研究聚焦在金融歧视和影子银行方面，并未考虑商业银行自身的风险规避机制，而正是抵押品和担保机制的存在，导致商业银行信贷倾向于地方政府和国企，信贷资源错配由此形成。

第三，地方政府行为与"高货币之谜"的文献研究。以往关于地方政府土地财政以及晋升机制与"高货币之谜"相关的文献探究，忽视了理论和机理分析，本书弥补了这方面的不足。通过构建数理模型，结合实证分析本书认为地方政府过度依赖土地财政以及"锦标赛"机制的晋升模式都会在一定程度上推高 M2/GDP。此外，过往的研究主要基于地方政府的信贷歧视和资源错配机制，忽视了地方政府在助推信贷方面的作用机制。本书通过构建数理模型，发现随着中央银行货币政策的冲击，地方政府助推信贷投放和信贷资源错配行为使 M2/GDP 持续走高。

第三章 "高货币之谜"产生的理论机制分析

本章就中央银行、商业银行以及地方政府三类行为主体影响"高货币之谜"的内在传导机制进行深入探讨。我们根据第二章对"高货币之谜"相关概念的界定,来构建研究的理论分析框架。首先,基于高货币比率 M2/GDP 本身,分别探讨广义货币增速 M2 与经济增速 GDP 的不匹配效应;其次,分析中央银行货币政策冲击的不对称效应;最后,通过分析货币的信贷传导机制受阻如何影响"高货币之谜"的形成机制,为本书后面章节的分析奠定理论基础。理论机制基础见图 3-1。

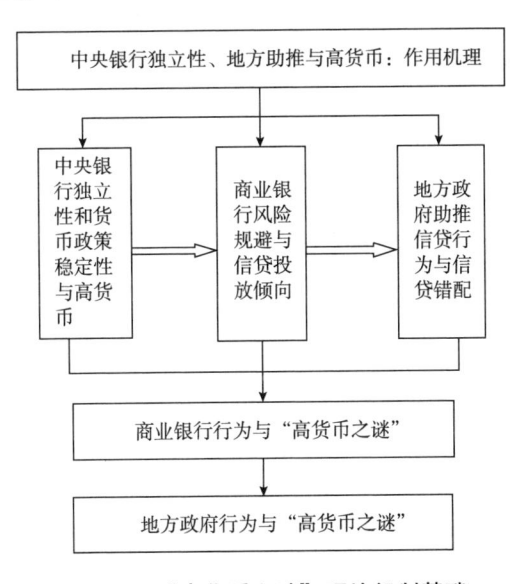

图 3-1 "高货币之谜"理论机制基础

第一节　广义货币增速与经济增速不匹配效应

根据高货币比率 M2/GDP 定义，其比值过高要么是 M2 比 GDP 增速快，要么是 M2 降速比 GDP 降速慢，即表现为广义货币供给量 M2 和经济增长 GDP 的相对变动速度不匹配。传统货币数量理论认为货币供应量与价格呈现同方向变动，也就是说，不管在长期还是在短期，货币供应量的上升均会导致物价上涨。在 20 世纪 60 年代初，基于数据的可得性，学者开始展开一系列的实证分析，他们通过研究商品流通和货币流通的关系得到了"货币供应量：价格 = 1：8"这一经验性公式，并以此来判断我国货币供应量是否适度。在相当长的一段时间内，这一经验性公式都被奉为圭臬，但是随着经济金融形势的变化，这一经验性公式也失灵了。由此，学者提出了另一个版本的货币数量公式 $\Delta M = \Delta P + \Delta Y - \Delta V$，按照这一公式计算出来的货币量与实际的货币量还是相差甚多，由此认定中国存在大量的超额货币供应，学者认为这将会带来很严重的通货膨胀压力。然而，基于这种认定方式的超额货币供应量自改革开放以来就一直存在，而这一传说中的"笼中虎"并未引起严重的通货膨胀现象，中国经济反而有通货紧缩的态势。

从图 3-2 可以看出，我国的 M2/GDP 虽然在 2001—2008 年出现稳中有降的趋势，但从整体趋势上看还是上升的，也就是说在中国经济转型过程中，广义货币供应量 M2

的增速比 GDP 的增速要快。这一比率的不断升高关系到我国宏观经济的稳定、预期的物价变动率、利率以及汇率，更事关中国的经济市场化与国际化进程。因此，为了更好地分析"高货币之谜"的产生机制，下面将揭开 M2/GDP 这一比值的层层面纱。

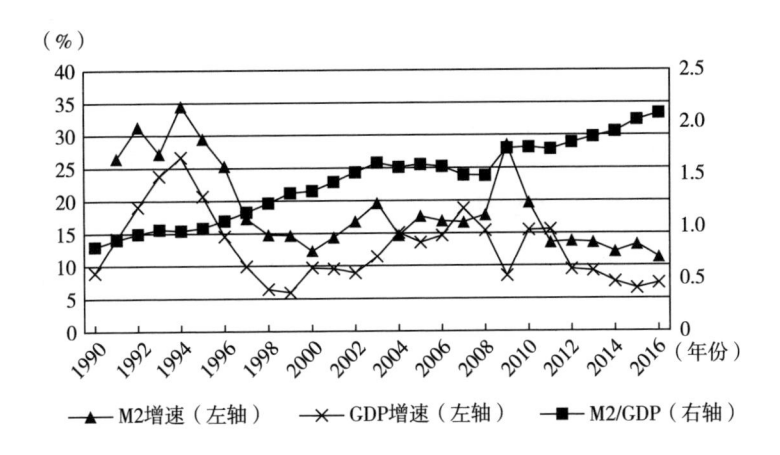

图 3-2 M2/GDP 趋势变动情况

资料来源：国家统计局（http://www.stats.gov.cn）。

一 传统货币数量理论适用性

众所周知，根据经典的货币数量理论公式 MV=PT，若将 M 看作广义货币供给量，将 PT 定义为国民收入或国民生产总值（GDP），那么 M2/GDP 就是货币流通速度的倒数。在传统货币时代，货币流通速度 V 通常被假定为不变，所以这一比值呈现稳定的特征。但是，学者渐渐发现随着一国金融化水平的加快，货币流通速度下降，即 M2/GDP 呈现增大的趋势。自此，M2/GDP 这一比值渐渐走入学术界和政策当局的视野，由此引发学者一系列的研究与探讨

(Pigou，1917；Mckinnon，1973；Friedman，1956）。在传统的货币理论中，常常假设货币需求等于货币供给，所以主流经济学派将货币需求作为研究货币政策的切入点。现代货币需求理论主要分为凯恩斯学派的货币需求理论和弗里德曼的货币数量论，货币学派指出货币需求是最稳定的经济因素之一，然而凯恩斯学派并不赞同。自20世纪80年代初期以来，中国和许多新兴市场经济国家都存在"货币需求之谜"，即运用传统的货币需求方程测算得到的结果与实际的货币存量存在较大偏差。在经典的货币数量论方程 MV=PY 中，如果货币流通速度（V）是常数，或者是稳定函数，那么货币供应增速（M）与名义 GDP 增速（PY）之间就存在一一对应的关系。然而，不得不承认的是，这一比值在现代信用货币时代的适用性正在逐步降低，对其过分依赖将会误导我们对实践和未来的把握。

在现代信用货币制度下，传统的货币数量公式已不再适用，因此 M2/GDP 也在逐渐失效。首先，式中的 M 已经不再仅限于交易型货币。根据凯恩斯的货币需求理论，货币需求包括交易需求、预防需求与投机需求，而且实践也表明预防需求与投资（或投机）需求在公众的货币需求中占了很大的比重（秦朵，2002；伍志文，2003；李建，2007；张文，2008；等等）。其次，货币流通速度 V 已经不再是一成不变的，而是呈现逐年下降的趋势（何云信，2006；贾康等，2011；雷小果，2013；等等）。这里需要指出的是，有些学者用货币流通速度的下降来解释我国高 M2/GDP 问题，难免有以 A 证 A 之嫌，因此用货币流通速度下降学说来解释我国的"高货币之谜"是欠妥的。此外，PY也不再只指生产性部门，而是包括生产性部门和非生产性部门（实体经济和虚体经济）（伍超明，2004）。其实，费雪方程中的Y并不是GDP，而应该是经济存量（可以用生产总值来替代），因此，M2/GDP其实是存量与增量之比，这一比值本身就是有问题的，不过这并不影响M2/GDP偏高的事实。也有学者发现了类似结论，即M2/GDP这一比值没什么意义，因为M2是货币存量，而GDP是流量，用存量除以流量说明不了什么问题。由此可以看出，在现代信用货币制度下，传统的货币数量理论受到了极大的挑战，M2/GDP是否继续适用受到了质疑。

二 经济增速放缓机制

根据货币数量公式MV=PY，如果货币流通速度（V）是常数或者稳定函数，那么货币供应增速（M）与名义GDP增速（PY）之间存在一一对应的关系。从图3-3可以

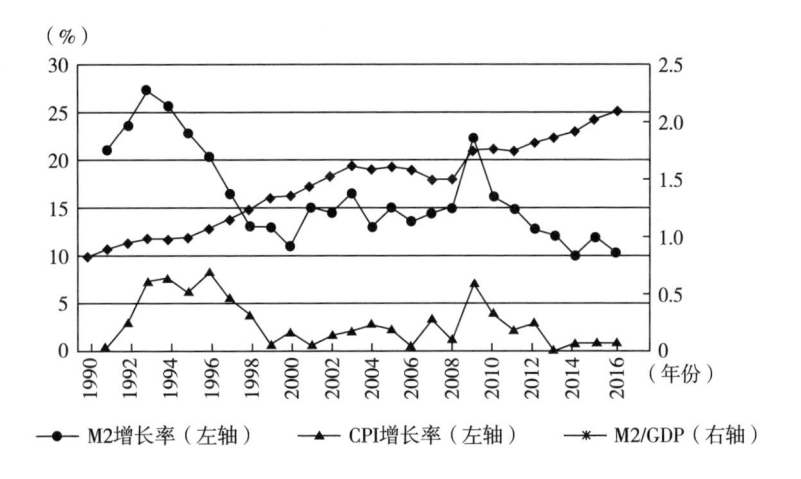

图3-3 中国的M2增速、通胀与M2/GDP

看出，广义货币 M2 增速较快时，并未带动同等的经济增速，即可能存在经济增速放缓机制，近几年我国的经济增速一直处于相对较低的状态。

关于经济增速相对于广义货币增速较慢的原因，还是要回到广义货币 M2 的信用传导机制上来。广义货币 M2 的信用传导机制为：外汇储备—基础货币—贷款（信贷循环）—实体经济—GDP（及其往复循环过程）。只要整个传导环节未出现断裂，那么 M2/GDP 应当不会出现过分异常的问题，若出现贷款未有效收回或者等量贷款未对 GDP 产生等量贡献，M2/GDP 自然会发生异常。很多学者也发现，正是货币传导机制的部分环节出现断裂造成了我国的 M2/GDP 出现异常（颜竹梅等，2009；范从来、王勇，2014；张春生、吴超林，2008；王洋，2007；曾康霖，2005）。以上学者大部分都是从不良资产、融资结构角度来论证我国 M2/GDP 较高的原因。曾康霖（2005）认为，国有银行的不良资产状况不容乐观，M2/GDP 的持续上升表明我国金融资源配置不节约。较少学者意识到，政府对银行体系的控制导致信贷资源较多配置到效率低的部门，造成 M2/GDP 异常（Pan et al., 2016；许坤、黄睍宜，2014）。信贷资源错配使信贷资金流向了效率低的领域，引起要素生产率降低，造成 GDP 下降，而 GDP 下降进一步引起贷款需求降低。据统计，非国有企业从银行获得的贷款占银行信贷总量的比例不足 20%，非国有企业在信贷市场中往往不如国有企业那么容易获得商业银行的支持。饶品贵和姜国华（2013）发现，虽然非国有企业整体的经济效益比国有企业要更好，但是没有获得足够的信贷支持，因此他们认为中国的信贷资源并没有实现合理的配置。马草原和李成（2013）也发现，货币政策的调控高度依赖国有经济渠道，而国有投资比重变化引起的经济效率变化将最终影响货币政策的有效性。他们还发现，实行宽松型货币政策时金融资源的错配效应更容易被放大。也就是说，在正常情况下 M2 和 GDP 应当是同比率增速变动，而一旦出现信用传导机制不通畅或者漏损，将会导致同等 M2 并没有产生同等 GDP 贡献度，如商业银行将信贷过多投放到理财或效率较低的地方政府、国企，将会导致信贷资源错配效应严重、GDP 增速缓慢，进而导致 M2/GDP 失常。

第二节 货币政策冲击不对称效应

众所周知，信贷创造过程中的基础货币是由中央银行创造的，而根据我国的强制外汇结算制度，这一制度的存在使中央银行被动地通过发行货币的方式保有大量的外汇余额，因为面对外汇储备的增加中央银行需要发行与之等额的人民币。然而，近几年来在外汇储备逐渐减少的情况下高货币现象依然存在，也就是说，外汇储备并不能完全解释 M2/GDP 为何一直很高。我们知道，中央银行创造货币的过程包括主动发行和被动发行。在受到外部冲击和内部稳增长约束时，中央银行有时需要变主动投放为被动投放。由此可见，货币被动发行有一定的现实基础。

一 外部冲击影响货币当局的反应机制

中央银行作为"银行中的银行"，通过货币政策工具控制着基础货币供给，商业银行再通过基础货币的信贷循环创造贷款，并将贷款注入经济体。从源头上讲，货币当局或者说中央银行，是货币产生的源头。《中华人民共和国中国人民银行法》中明确指出：中国人民银行是中华人民共和国的中央银行。中国人民银行在国务院领导下，制定和执行货币政策，防范和化解金融风险，维护金融稳定。在中央银行的职能规定中，明确指出了发行人民币、管理人民币流通等职能。因此，货币当局（中国人民银行）作为"政府的银行"，和中央政府属于利益共同体，直接受中央政府的管理（以下如无特殊说明，将不再进行区分），中央银行在面对外部冲击时面临两难抉择。关于中央银行独立性的概念界定，国内外学者均给出了不同的解释。1962年，著名经济学家弗里德曼就曾提出：中央银行应该是与立法、行政、司法部门并立的一个独立的部门，而且它的行动受制于司法部门的解释。根据 Walsh（2005）在新帕尔格雷夫大辞典中的解释，中央银行的独立性是指货币政策制定者在制定和执行货币政策的过程中相对于直接的政治或政府影响的自由或自主权。此后，不同学者从不同的角度对中央银行的独立性进行了解读，比如 Fischer（1995）将中央银行的独立性划分为工具独立性和目标独立性，Grilli 等（1991）将中央银行的独立性划分为经济独立性和政治独立性，Quinton 和 Tylor（2004）更加细致地将中央银行的独立性划分为预算独立性、中央银行机构独立性、监管独立性以及规则制定独立性。国内学者对中央银行独立性也给出了不同的概念界定，比如，孙凯和秦宛顺（2005）就曾指出，中央银行独立性表示需要给予中央银行独立于政府而实现其经济目标的权利。刘锡良和肖玲（2003）将中央银行独立性界定为货币发行方面的独立性、制定和执行相应货币政策的独立性、人事上的独立性以及经济上的独立性。实际上，中央银行需要保持一定的独立性，主要是因为在维持一定独立性的条件下，可以兼顾经济增长、币值稳定、金融稳定以及就业稳定，从而进行多目标的权衡。从历史演进来看，我国中央银行的独立性也在不断完善和改进当中。根据中央银行的目标函数可以看出，当面对外部供给冲击时，中央银行在制定货币政策时需要在货币稳定（通货膨胀）、金融稳定（杠杆率、债务水平）和产出缺口（经济增长）之间进行权衡，具体表现为：实际通货膨胀率和目标通货膨胀率之差的平方最小化（货币稳定目标），中央银行干预的杠杆率/债务水平与目标杠杆率水平之差的平方最小化（金融稳定目标），实际产出和目标产出缺口的平方最小化（经济增长目标）。中央显然需要将经济增长摆在第一位，综观中央所有的经济工作会议，通货膨胀、金融稳定、就业率都没有特别强调，而经济增长每次都是最关心的。经济增长事关国外对中国经济的评价，是振奋国内民心的关键性指标，影响方方面面。其次，通货膨胀也是不可忽视的指标，关系到社会的稳定性。第三个目标是金融稳定，但杠杆率并不是中央调控的短期目标。

假定面对外部供给冲击时，中央银行制定决策需要在货币稳定（通货膨胀）和产出缺口（经济增长）之间进行权衡，据此中央银行的效用函数为：

$$U_c(m_p, m_y) = \alpha[\pi(m_p, m_y) - \pi^*]^2 + \beta[y(m_y) - y^*]^2$$
$$\text{s.t. } \alpha + \beta = 1, \ \alpha, \beta \in [0, 1] \quad (3-1)$$

中央银行的目标有两个：使实际通货膨胀率和目标通货膨胀率之差的平方最小化（货币稳定目标），使实际产出和目标产出缺口的平方最小化（经济增长目标）。也就是说，中央银行以保证货币稳定和产出水平稳定、实现效用福利损失函数最小化为目标。$\alpha,\beta\in[0,1]$ 是中央银行货币政策的权重倾向，当 $\alpha>\frac{1}{2}$ 时，中央银行倾向于防范通货膨胀；当 $\beta>\frac{1}{2}$ 时，中央银行以促进经济增长为主要目标。

可以看到，中央在制定货币政策时遵循两项指标。其中，第一项是货币稳定指标，π^* 是目标最优通货膨胀率（有些文献设为0），$\pi(m_p,m_y)$ 是第 t 期的实际通货膨胀率，其中 m_p 是考虑稳定货币的货币增减量，是决策变量，m_y 是考虑经济增速目标的货币供给。考虑到 m_p 和 m_y 与通货膨胀负相关性，这里设定 $\frac{\partial \pi}{\partial m_p}>0$，$\frac{\partial \pi}{\partial m_y}<0$，$\frac{\partial^2 \pi}{\partial m_p^2}=\frac{\partial^2 \pi}{\partial m_y^2}>0$。第二项是经济增长稳定的目标。$y^*$ 是目标最优产出值，y 是第 t 期的产出水平。对于经济增长函数，有 $\frac{\partial y}{\partial m_y}>0$，$\frac{\partial^2 y}{\partial m_y^2}>0$。下面将分别讨论独立性和非独立性中央银行的决策规则。

从20世纪90年代开始，中国的信贷投放包括M2的增长，有两个特别明显的释放流动性的时间段。第一个时间段是1992—1993年，1992年邓小平"南方谈话"以后，全国各地的开发区陆续建起来，需要释放资金流动性以满足经济建设的需求；第二个时间段就是2008年，为应对国际金融危机，需要释放资金流动性以实现稳增长目标。我国自 1987 年改革开放以来,广义货币供给量 M2 的增长率和国内生产总值 GDP 增长率有一大特点,即经过一段时间后会出现一次宏观金融政策的外部冲击,引发一定的波动。

综观中央银行每一次宽松型货币政策的执行,要么是出现国际经济危机,要么是中国经济放缓,要么就是基于我国自身的发展需求。国家为了维持稳增长、保就业,就需要执行宽松型货币政策。在中央银行释放流动性时,商业银行的信贷扩张能力也得以增强。20 世纪七八十年代,中央银行可能会对商业银行系统实行额度控制,比如今年 1000 亿额度明年 1100 亿额度这样的模式。现在,中央银行对商业银行的控制是靠存款准备金。我国自成立中央银行以后,开始适当提高存款准备金率,这样商业银行信贷扩张的倍数就会相应降低,即中央银行可以通过基础货币间接控制信贷。除降准降息外,中央银行还有公开市场业务,会发行大量的央票,大量回购央票却不发行新的央票就是通过释放流动性提供基础货币。基础货币通过货币乘数放出去,商业银行的信贷扩张能力就会显著增强。

二 货币当局的稳增长约束机制

中央银行的货币政策操作工具主要有四个:第一个是存款准备金;第二个是公开市场业务:央票的收缩和扩张;第三个是利息的抬高,如非对称的降息和抬高;第四个是国家各种各样的窗口指导。中央银行基于稳增长等现实需求,在需要释放流动性时,会对原来审查较严格的项目适当放松,比如原来对于房地产贷款、中小企业贷款额度限制的一些要求,在宽松型货币政策情形下将会被适当放松。也就是说,中央银行实际上是通过四种手段(存款准备金、利息、公开市场操作、窗口指导）制定和实施货币政策操作，以保证货币稳定、金融稳定和产出水平稳定，实现效用函数最小化。

独立性相对较弱的中央银行，会根据政府的需求先行决定经济增速目标的操作。中央银行会因政治原因刺激产出，使产出水平高于社会福利最佳水平，此时产出记为 y^*+k，$k>0$。综观中央所有的经济工作会议，中央显然是将经济增长摆在第一位的，经济增长是最关心也是最为敏感的。经济增长指标直接决定国外对中国经济的评价，是振奋国内民心的关键性指标，影响方方面面，是一个综合性的指标。其次，通货膨胀也是一个不可忽视的指标，也是中央政府高度关注的。因此，实现经济增速目标的货币供给水平满足 $\overline{\overline{m_y}}=f(y^*+k)$，此时中央银行的决策函数变为：$U_c(m_p, m_y) = \alpha[\pi(m_p, m_y) - \pi^*]^2 + \beta[y(m_y) - y^* - k]^2$。

在宽松型货币政策下，中央银行基于增长约束会大幅度释放流动性，而在紧缩型货币政策下，中央银行也面临经济增长压力，此时整体产出水平高于社会最优值，最终导致社会损失增大。产出水平和杠杆率可以达到社会最优水平，但通胀水平不再是0，这是因为中央银行会通过通胀（增发货币）来刺激产出。产出水平GDP有下限约束，中央希望经济增长有稳定性和连续性。国家整体经济实力、包括实现翻番、成为第一大经济体等很多目标都凝聚在经济增长上面。此外，通货膨胀也有下限，超过临界点会影响社会的稳定性。综合以上分析，中央在稳增长约束机制下，最终会导致：在释放流动性时，广义货币增速快于经济增速，而在收紧流动性时，广义货币增速慢于经济增速。

第三节 信贷传导机制阻滞效应

一 商业银行的风险规避机制

在现代信用货币制度下，在中央银行执行宽松型货币政策时，商业银行基于自身的利润最大化会倾向于增加信贷投放量，致使货币积累呈现不断扩张的趋势。同时，中央银行的四大政策性操作工具对商业银行的信贷投放具有一定的约束作用，当中央银行决定不再释放流动性时，商业银行便会收紧信贷投放额度。应当注意的是，商业银行的利润来源主要是存贷差，因而在宽松型货币政策下有信贷扩张的动力，以实现利润最大化目标。

商业银行一方面基于风险规避的角度倾向于贷给有抵押物的地方政府和国有企业等，另一方面会将信贷资金投放到比较容易收回、看起来风险较小的金融资产中，这也和中央维持金融稳定、货币稳定和经济增长的目标有关联。所谓大量资金不进入实体，是指通过理财、信托等方式把大量资金放在金融系统内空转。将大量资金放到金融系统内，主要是因为金融系统内资金流动性高、变现快，风险相对较小，而进入实体经济后资金的流动性相对较弱，这也是造成M2升高的原因，因为很大一部分资金没有用于产出GDP。

假定在稳定货币政策下，商业银行的信贷规模标准化为1，为了简化分析，再假定此时商业银行除自有资金和准备金以外全部用于放贷，产出水平Y_0标准化为1。商业银行的信贷规模记为η，当$\eta>1$时代表中央银行执行宽松型货币政策,当 0<η<1 时表明中央银行实行紧缩型货币政策。商业银行用于理财和放贷的规模分别记为 ηλ 和（1-λ）η。显然,用于理财的这一部分货币对 GDP 并不产生贡献,货币在金融体系内空转。具体见表 3-1。所以,我们重点讨论用于放贷的这一部分货币在宽松型或紧缩型货币政策下是如何对 GDP 产生贡献度的。

表 3-1　　　　　　　　货币宽松和收缩情况

货币政策	用于理财	用于放贷	信贷规模	产出
稳定	0	1	$M_0=1$	$Y_0=1$
非稳定	$\eta\lambda$	$\eta(1-\lambda)$	$M_1=\eta$	Y_1

在宽松型货币政策下,商业银行基于利润最大化的考虑显然有扩张信贷的动力。同时,基于风险规避和成本最小化的考虑,除了一部分用于理财,商业银行用于放贷的部分主要倾向于有抵押品的地方政府和国企。土地是持续增值的抵押品,地方政府掌握着土地,必然会受到商业银行的青睐。此时商业银行的反应函数为：

$$\pi(\alpha,\lambda)=\eta\lambda(1+\phi)+p_i(1-\lambda)\eta r_i+(1-p_i)[mR\sigma_i-(1-\lambda)\eta]-C_i(\eta) \qquad(3-2)$$

其中,ϕ 表示用于理财部分的资本回报率。$i=\{$地方政府①,民企$\}$。r_i 表示贷款的利率（$\varphi<r_i$）。p_i 表示贷款成功的概率。R 表示抵押物的价值,由于抵押物会增值,银行获得抵押物的当期市场价值为 $mR(m>1)$。$\sigma_i=\{0,1\}$,为抵押物对象的反映变量,$\sigma_i=1$ 表示贷款给有抵押物的对象,$\sigma_i=0$ 表示贷款给没有抵押物的对象。$C_i(\eta)$ 表示商业

---

① 这里指地方政府的融资平台或者国企以及部分房地产企业。

银行在不同货币政策下的审查成本,且有 $C_i|_{\eta>1} < C_i|_{\eta<1}$。有抵押物的贷款对象风险小,成功率高,但是贷款利率较低,商业银行面临收益和风险之间的两难抉择。

二 地方政府的助推信贷机制

在中央银行实施宽松型货币政策时,除了商业银行的信贷行为发生变动,地方政府的行为也发生了变化。地方政府为了获得商业银行更多的信贷资源,有趁机降低项目审批质量的动机。项目质量良莠不齐,就必然产生大量的不良资产,使信贷资金放出去后难以收回,出现信贷错配现象。

在中央银行执行宽松型货币政策时,地方政府基于利润最大化动机,倾向于降低项目审批的质量,以求获得高于正常情形下的信贷资金,实现信贷资金的扩张和积累。前面我们分析到,商业银行基于风险规避的机制,倾向于将贷款投放给有抵押品的贷款对象,以求将呆坏账比例降至较低的比例。事实上,我国的上游企业主要以资源型企业为主,这些企业通常都是国有企业控股,而下游的竞争性企业主要以私营企业为主,这类企业通常没有抵押品,或者即便有抵押品,质量也较低。商业银行基于利润最大化动机和风险规避机制的考虑,倾向于贷给有抵押品的地方政府,出现信贷错配现象。因此,地方政府在宽松型货币政策下降低项目审批质量的行为必然使整体信贷资金利用效率低下。

地方政府获得信贷资金后,开始审批各企业上报的项目。假定可贷资金总量为1,不合格的项目比例为ρ,则合格的项目比例为$1-\rho$。当可贷资金总量变为η时($\eta>1$表示信贷放水)$\left(设 0<\eta<\dfrac{1}{3\rho}\right)$①,不合格项目的比例变为$\rho\eta$,

---

① 释放流动性和收紧流动性都不可能无限制,这里假定合理。

合格项目的比例变为 $1-\rho\eta$。也就是说，当商业银行增加信贷资金投放量时，随着信贷总规模的扩大，地方政府上报不合格项目的比例呈上升趋势。而当中央银行实行紧缩型货币政策时，监督力度变强，合格项目的比例比在稳定货币政策下要高一些。具体见表3-2。

表3-2　　　　　　　　　不同货币政策下项目情况

货币政策	信贷规模变动	合格项目比例	不合格项目比例
稳定	1	$1-\rho$	ρ
非稳定	η	$1-\rho\eta$	$\rho\eta$

本章设地方政府识别不合格项目的概率为 $\eta^{1/2}$，地方政府一定时期内获得的可贷资金越多，同等条件下审批的不合格项目数量也越多，那么本地的产出也就越高，这也是符合地方政府追求经济增长最大化目标的。中央受到外部冲击时，监督强度变弱，整体信贷规模变大，地方政府通过"游说"商业银行审批的不合格项目总数就越多；反之，当经济过热或通胀水平较高时，中央银行需要实行紧缩型货币政策，监督力度变强，地方政府审批的不合格项目比例减小。这里为了分析方便，不失一般性地假定地方政府所投入的资本全部通过商业银行借贷所得，没有自有资金。假设地方政府识别不合格项目的概率 $\tau(\eta, r)$ 是关于 η 的凹的、递增的、二次可微的函数，显然 $0 < \eta^{1/2} \leq \rho\eta \leq 1$。考虑到地方政府投入的资本是有限的，受限于可贷资金总量，因此，η 存在上限值 $\bar{\eta}$，上报项目的各企业的成本函数关于 η 是凸的、递增的、二次可微的。

假定在不存在外部冲击时，在中央的高监督强度下，地方政府投入资本和劳动，合格的项目以概率 1 审批通过，而不合格项目不会通过审批。在中央银行宽松型或紧缩型货币政策下，一方面中央的监督强度发生变化（在宽松型货币政策时致力于释放流动性，在紧缩型货币政策时致力于收回流动性），另一方面地方政府基于自身的经济增长需求对项目质量的审批也会变动，如在宽松型货币政策下"游说"商业银行获取信贷资金。此时，设定合格的项目以概率 1 通过审批，不合格项目以 $(1-\eta^{-1/2})/\rho$ 的概率通过审批。也就是说，在中央银行释放流动性时，地方政府审批通过的不合格项目概率提高，而在中央银行实行紧缩型货币政策时，由于项目总规模受限，合格项目的审批概率 $\eta^{1/2}$ 随信贷规模的缩小在减小。同时可以看到，不合格项目审批通过的概率与信贷规模 η 正相关，不合格项目审批通过的概率越高，意味着货币收回的概率越低，释放的流动性并没有有效地转化为产出，未对 GDP 产生同等贡献。也就是说，地方政府为了获得商业银行更多的信贷资源，趁机降低项目审批的质量。项目质量良莠不齐，就必然产生大量的不良资产，使信贷放出去后难以收回，即信贷资源错配现象最终导致 M2/GDP 偏高。

第四节 本章小结

本章主要对"高货币之谜"产生的理论机制进行了分析。根据高货币水平的概念和研究框架，首先，从广义货币供给量 M2 和经济增速 GDP 不匹配效应出发，根据经典货币数量理论以及信贷传导机制理论进行分析，发现广义货币 M2 增速过高和经济增速 GDP 放缓均会导致"高货币之谜"的产生。现代货币数量理论受到挑战，对其过分依赖会对高货币现象形成误判，本章从广义货币 M2 的理论定义出发，根据货币的信用传导机制"外汇储备—基础货币—贷款（信贷循环）—实体经济—GDP（及其往复循环过程）"，只要整个传导环节未出现断裂，那么 M2/GDP 这一比值应当不会出现过分异常的问题，若出现贷款未有效收回或者等量贷款未对 GDP 产生等量贡献，M2/GDP 自然会发生异常。其次，从货币政策的外部冲击机制出发，讨论货币当局受到外部冲击时的反应机制和稳增长约束机制，此时也会导致"高货币之谜"的形成。当经济受到外部冲击时，缺乏独立性的中央银行将会通过牺牲通胀来促进增长——增发货币，导致高货币现象的产生，而在稳增长约束机制下，中央银行收紧货币的动力较小，导致货币"易放难收"。最后，从信贷传导阻滞机制出发，分别讨论了商业银行的风险规避机制和地方政府的信贷投放机制，发现它们均会推高 M2/GDP。商业银行基于风险规避的角度倾向于有抵押品的贷款对象，而地方政府助推信贷投放的行为使信贷错配效应得以放大，高货币现象由此形成。本章的分析为后文的理论模型和实证分析奠定了基础。

第四章 中央银行独立性与"高货币之谜":影响机理

第一节 引言

中央银行作为"银行中的银行",通过四大货币政策工具控制基础货币的供给,商业银行再通过基础货币的信贷循环创造出贷款,并将贷款注入经济体。从源头上讲,货币当局或者说中央银行,是货币产生的源头。关于中央银行独立性的概念界定,国内外学者均给出了不同的解释。1962 年,著名经济学家弗里德曼就曾提出:中央银行应该是与立法、行政、司法部门并列的一个独立的部门,而且它的行动受制于司法部门的解释。根据 Walsh(2005)在新帕尔格雷夫大辞典中的解释,中央银行的独立性是指货币政策制定者在制定和执行货币政策的过程中相对于直接的政治或政府影响的自由或自主权。此后,不同学者从不同的角度对中央银行的独立性进行了不同的解读,比如,Fischer(1995)将中央银行的独立性划分为工具独立性和目标独立性,Grilli 等(1991)将中央银行的独立性划分为经济独立性和政治独立性，Quinton 和 Tylor（2004）更加细致地将中央银行的独立性划分为预算独立性、中央银行机构独立性、监管独立性以及规则制定独立性。国内学者对中央银行的独立性也给出了不同的概念界定，比如，孙凯和秦宛顺（2005）就曾指出中央银行独立性表示需要给予中央银行独立于政府而实现其经济目标的权利。刘锡良和肖玲（2003）将中央银行独立性界定为货币发行方面的独立性、制定和执行相应货币政策的独立性、人事上的独立性以及经济上的独立性。因此，可以看到，中央银行的独立性主要是指稳定的货币、稳定的金融、稳定的经济增长以及稳定的就业，属于多目标权衡下的策略选择。一般情况下，需要将经济增长作为第一关注指标，综观中央所有的经济工作会议，经济增长是最受关心的。经济增长指标是国外对中国经济的评价，是振奋国内民心的关键性指标，影响方方面面。其次，通货膨胀也是一个不可忽视的指标，关系到社会的稳定性。放在第三位目标的是金融稳定，但杠杆率并不是其调控的短期目标。

　　中央银行作为发行的银行、银行的银行以及"政府的银行"，自成立之初就对金融领域以及整个经济的调节功能方面发挥举足轻重的作用。Wiillam Roger 就曾说过，中央银行、车轮和火被称为人类时代的三项发明。在我国，中央银行作为政府的管理机构，其追求的目标并不是利润最大化，而是维持经济增速、货币稳定和金融稳定。在现代信用制度下，中央银行作为货币供给的源头，有必要拥有一定的独立性，随着各项法制法规的不断完善，中央银行的独立性正在逐步强化。马克思曾经说过，中央银行是现代信用体系的中心。在货币发行方面，中央银行具有决定性的权力，根据经典货币数量理论和货币的信贷传导机制，中央银行的基础货币构成了广义货币供给的原始推动力，那么中央银行的独立性或者说货币政策的稳定性对于货币发行和创造有哪些影响呢？下面将对中央银行独立性和货币政策稳定性与"高货币之谜"的相关研究进行总结。

国内关于中央银行独立性的讨论开始于 20 世纪 80 年代，相关理论和实证研究相对较少。我国的中央银行体制在 1983 年才正式确立，那时的中央银行并没有独立的概念，时至今日关于中央银行独立性概念的界定，也没有一个较为清晰的定义。普遍认知的中央银行独立性是指中央银行相对于政府的独立性。国内较早研究中央银行独立性的学者可以追溯到郑先炳（1995），他认为中央银行可以部分承担政府的职能，不一定要完全脱离政府的存在，其独立性也是相对独立性，中央银行要在制定和执行某些货币政策时有一定的自主权。翁凯宁和张胜旺（2000）通过述评中央银行独立性指标的文献，也认为中央银行的独立性可能受政府目标制约。魏强和陈华帅（2009）认为，如果中央银行不能有效脱离政府，那么中央银行最终都会选择妥协，无法有效执行货币政策，会屈从于满足政府的偏好需求，选择经济增速而牺牲通货膨胀。弗里德曼曾经说过，通货膨胀无论何时何地都是一种货币现象，所以货币供给问题自然离不开通货膨胀问题，那么关于中央银行独立性和"高货币之谜"的探究，一定程度上也可以转为对通胀的解释。国内关于中央银行独立性与货币相关研究主要也是基于通货膨胀的研究。徐广军和王明明（2001）认为，支撑中央银行独立性就要论证政府和中央银行的目标不一致，从而避免因过度超发货币导致通货膨胀问题。关于中央银行独立性和通货膨胀的关系，学者结论不一，实证研究见于马光（2003）、张旭（2002）、陈晓枫（2007）等，他们分别通过测度中央银行的独立性指标来论证中央银行独立性和通货膨胀的关系，马光认为两者关系不确定，而张旭等却认为独立性越高越有助于物价稳定。盛雅楠（2013）通过测度我国的中央银行独立性（LS测度），证实了中央银行独立性和通货膨胀的负相关关系，作者认为中央银行的独立性可控制通货膨胀走向恶化。关于中央银行独立性理论方面的研究，国内研究较为规范的有陆磊（2005），他试图运用非均衡博弈模型来论证我国中央银行的微观独立性和最优金融稳定规则的制定。苗文龙（2006）通过构建博弈模型分析中央银行宏微观独立性对货币稳定、金融稳定政策有效协调的决定和影响。虽然我国的中央银行的独立性受限，但是其独立性却是一直在加强的。范方志（2005）就曾指出，我国可以借鉴美联储、欧洲中央银行和日本银行的实践经验，但也要结合我国的特殊实际，辩证地看待中央银行独立性问题，认为整体来看我国的中央银行独立性在逐步加强。孙凯和秦宛顺（2005）通过构建多种货币政策时间不一致的数理模型，指出未来进一步强化中国人民银行独立性的方向。魏强和陈华帅（2009）利用SVAR方法指出中国人民银行从1984年正式成立到现在独立性逐步强化。尹继志（2010）通过构建中央银行目标函数对中央银行独立性、收入不平等和通货膨胀间的作用机制进行了理论分析，并通过实证分析验证了中央银行独立性的加强可以有效抑制收入不平等引起的通货膨胀。陈平（2014）通过构建福利损失函数得出既负责价格稳定又负责金融稳定的双重任务的中央银行不能达到社会福利的最佳水平，认为中央银行既要保持宏观审慎的独立性，也要保持政治上的独立性。可以看到，国内关于中央银行独立性和"高货币之谜"的研究相对较少，这也为我们后续工作提供了研究空间。

国外关于中央银行独立性和货币政策稳定性理论方面的研究文献较多。从 Kydland 和 Prescott（1977）基于中央银行独立性模型提出动态不一致理论，到以 Krugman（1979）为代表的第一代储备抛售式货币危机模型，再到以 Obsfled（1986）为代表的第二代投机攻击型货币危机模型，中央银行始终不具有微观运行性质。这与我国金融稳定性的运营是有区别的，我国的中央银行基于一些原因并不能完全独立于其他机构，中央银行既受制于国务院的管理，又有自身经济增长目标的压力，其独立性受到限制。西方货币理论认为，如果中央银行不能和政府有效分离，财政政策和货币政策会不断发生冲突，政府最终都会选择牺牲物价稳定而促进经济增长。因此，中央银行的独立性会影响到中央银行的货币政策对最终目标的权衡。在 Prescott 和 Kydland（1977）提出动态不一致理论，并由 Barro 和 Gordon（1983）等扩展到货币政策领域之后，为了解决通胀偏差问题，避免相机抉择政策的出现，Rogoff（1985）提出了声誉模型（Reputation Model），并且发展为授权模型（Delegation Model）；Susanne（1992）拓展了 Rogoff 的模型，提出"部分独立的货币政策委员会"制度，Walsh（1995）

从最优激励合同的角度分析了货币政策的授权方式等，上述用于缓解货币政策动态不一致性的模型都要求中央银行（或货币政策委员会）能够独立地执行货币政策，即提高中央银行的独立性，以降低由动态不一致性所带来的通货膨胀偏差。国外关于中央银行独立性和通货膨胀相关性的研究较为多见，大部分人认为中央银行独立性和通货膨胀成反比关系，如 Bernake（1999）从货币政策透明度的角度出发，认为中央银行独立性较强国家的自然通货膨胀效果要好一些。Cecchetti（2002）、Corbo 等（2002）通过构建中央银行通货膨胀厌恶系数，认为在通胀目标下中央银行的独立性更强，控制通胀的效果也更好。Klomp 和 De Haan（2010）通过实证分析发现中央银行独立性和通货膨胀存在负相关关系。然而，通过梳理国别比较类文献可以看到，对于发达国家而言，中央银行独立性与通货膨胀率较低有关（Alesina, Summers, 1993; Arnone, Romelli, 2013; Cukierman, 1992; Klomp, De Haan, 2010; Persson, Tabellini, 1990）。而对于发展中国家来讲，并没有有力证据表明合法的中央银行独立性与通货膨胀之间存在普遍的负相关关系（Bagheri, Habibi, 1998; Crowe, Meade, 2007; Cukierman, 1992; Desai et al., 2003; Klomp, De Haan, 2010b）。除了探究中央银行独立性和通货膨胀之间的关系，近年来国外学者逐渐将中央银行独立性、货币政策透明度和通货膨胀纳入统一分析框架，这方面的研究也较为丰富。如 Crowe 和 Meade（2008）就曾指出独立性越强的中央银行，其政策透明度往往越高，通胀水平也越低。Dincer 和 Eichengreen（2014）通过报告100多家中央银行的独立性，

第四章 中央银行独立性与"高货币之谜":影响机理

发现中央银行独立性和政策透明度正在稳步推进,且通货膨胀等因素会影响中央银行的独立性。通过文献整理可以看到,国外学者较多地关注中央银行独立性和通货膨胀的关系探究,在理论和实证方面都取得了较为丰富的研究成果。然而,对于中央银行独立性和"高货币之谜"因果关系方面的研究较少,这也为我们的后续研究提供了空间。

在面对外部供给冲击时,中央银行制定决策时需要在货币稳定(通货膨胀)、金融稳定(杠杆率、债务水平)和产出缺口(经济增长)之间进行权衡,中央银行的目标有三个:使实际通货膨胀率和目标通货膨胀率之差的平方最小化(货币稳定目标),使中央银行干预的杠杆率/债务水平与目标杠杆率水平之差的平方最小化(金融稳定目标),使实际产出和目标产出缺口的平方最小化(经济增长目标)。也就是说,中央银行需要保证货币稳定、金融稳定和产出水平稳定,即效用函数(福利损失)最小化。在中央银行独立性相对较弱的情况下,中央银行在面对外部冲击时有经济增长压力,此时整体生产水平高于社会最优值 $y^*+k>y^*$,最终导致社会损失增大。在以经济增长为首要目标时,产出水平和杠杆率可以达到社会最优水平,但通胀水平不再是 0,产出水平 GDP 有下限,这是因为中央银行通过增发货币来刺激产出,希望经济增长有稳定性和连续性。处在第二位的目标是通货膨胀,通货膨胀不宜高于某一临界点,否则影响社会的稳定性。处在第三位的目标是金融稳定,主要是为了防止大起大落,而不是一味地控制杠杆率的高低,金融稳定的目标并非短期目标。

第二节 研究假说

综观中央银行每一次宽松型货币政策的执行,大多源于外部冲击和内部稳增长的约束,国家为了维持稳增长、保就业,就需要执行相对宽松型货币政策。在基础货币投放阶段,中央银行通过基础货币间接控制信贷投放,以期释放资金流动性。在信贷投放阶段,商业银行基于利润最大化动机和风险规避机制,一方面倾向于将信贷资金投放给有抵押品的地方政府和国有企业,另一方面会降低项目融资的门槛,导致信贷资金投放的对象参差不齐,甚至产生大量的呆坏账。此外,商业银行基于风险的考虑,会将一部分资金放在金融系统内空转,对实体 GDP 不产生帮助。这几方面均会使广义货币总量升高的比例与 GDP 升高的比例不匹配,最终助推了 M2/GDP 的提高。基于信贷传导机制的链条,中央银行、商业银行与地方政府的行为决策如下。

中央银行的货币政策操作工具,第一个是存款准备金;第二个是公开市场的业务,如央票的收缩和扩张;第三个是利息的抬高,如非对称的降息和抬高;第四个是国家各种各样的窗口指导监管。中央银行基于现实情况需要执行宽松型货币政策时,会对原来审查较严格的项目适当放松审查,比如,原来对于房地产贷款、中小企业贷款额度限制有一些要求,在释放流动性时将会适当放松。也就是说,中央银行实际上是通过四种手段(存款准备金、利息、公开市场操作、窗口指导)制定和实施货币政策操作,以保证货币稳定、金融稳定和产出水平稳定，实现效用函数最小化。在宽松型货币政策下，中央银行基于增长约束会大幅度释放流动性，而在紧缩型货币政策下，中央有稳增长的压力，此时整体产出水平高于社会最优值，最终导致社会损失增大。产出水平和杠杆率可以达到社会最优水平，但通胀水平不再是0，这是因为中央银行会通过增发货币来刺激产出。一方面，GDP产出水平有下限约束，经济增长需要有稳定性和连续性，国家整体经济实力、成为第一大经济体等很多目标都凝聚在经济增长上面。另一方面，通货膨胀也有下限，超过临界点会影响社会的稳定性。所以中央在稳增长约束机制下，最终会导致在货币政策宽松时，货币增速快于经济增速，而在货币政策紧缩时，货币增速要慢于经济增速。基于此，本章提出研究假说4-1：

研究假说4-1：当中央银行独立性受限时，需要通过增减货币供应量来满足经济增速目标，即通货膨胀目标服从于经济增速目标，最终导致M2/GDP升高。

在现代信用货币制度下，在中央银行执行宽松型货币政策时，商业银行基于自身的利润最大化行为倾向于增加信贷投放量，致使货币积累呈现不断扩张的趋势。同时，中央银行的四大政策性操作工具对商业银行的信贷投放具有一定的约束作用，当中央银行决定不再执行宽松型货币政策时，商业银行的信贷投放额度将会收紧。应当注意的是，商业银行的利润主要来源于存贷差，因而在宽松型货币政策下有信贷扩张的动力，以实现利润最大化目标。商业银行一方面基于风险规避的角度倾向于贷给有抵押物的国有企业，另一方面会大量地向比较容易收回贷款、看起来风险不大、非实业的金融资产投放。之所以将大量资金通过理财、信托等放到金融系统内，主要是因为金融系统内资金流动性很高，将资金投到金融系统可以随时变现，相对来讲风险较小，而进入实体经济后资金的流动性相对较弱。这也是造成 M2/GDP 升高的原因，因为很大一部分资金没有用于产出 GDP。基于以上分析，本章提出研究假说 4-2：

研究假说 4-2：商业银行在利润最大化的驱动下，一方面，倾向于将货币用于理财，导致货币在金融体系内空转；另一方面，基于风险规避机制，倾向于贷给有抵押物的地方政府和国有企业，使信贷资金配资效率降低。这两方面均使同等 M2 没有产生等量 GDP，最终导致 M2/GDP 的上升。

在中央银行实施宽松型货币政策时，除了商业银行的信贷行为发生变动，地方政府的行为也发生了变化。地方政府基于利润最大化动机，为实现信贷资金的扩张与积累，倾向于降低项目审批的质量，而项目质量良莠不齐容易产生大量的不良资产，使信贷放出去后难以收回，即出现信贷错配现象。据前文分析，商业银行基于风险规避的机制，倾向于将贷款投放给有抵押品的贷款对象，以求将呆坏账比例降至较低的水平。事实上，我国的上游企业主要是资源型企业，这些企业通常是国有企业控股，而下游的竞争性企业则主要以私营企业为主，这类企业通常没有抵押品，或者即便有抵押品质量也较差。商业银行基于利润最大化动机和风险规避机制的考虑，将会倾向于贷给有抵押品的地方政府，而地方政府在宽松型货币政策下降低项目审批质量的行为必然使整体信贷资金利用效率低下。综合以上分析，本章得出研究假说 4-3：

研究假说4-3：在中央银行独立性受限时，地方政府的行为影响 M2/GDP 的变化。在宽松型货币政策下，地方政府倾向于增大不合格项目规模来获取信贷，从而导致同等 M2 没有产生同等 GDP；而在紧缩型货币政策下，合格项目的审批也会受限，导致 GDP 下滑，从而导致 M2/GDP 的升高。

第三节　理论模型

一　中央银行反应函数

本章借鉴 Cecchetti（1999）关于目标权重的基础思想，对中央银行在面对外部冲击时面临的两难抉择构建模型。由于金融稳定通常不是中央银行调控的短期目标，且有学者指出金融稳定目标是由宏观经济审慎监管者负责的，这里为了简化分析，假定在面对外部供给冲击时，中央银行制定决策时需要在货币稳定（通货膨胀）和产出缺口（经济增长）之间进行权衡，据此其效用函数形式为：

$$U_c(m_p, m_y) = \alpha [\pi(m_p, m_y) - \pi^*]^2 + \beta [y(m_y) - y^*]^2$$
$$s.t.\ \alpha + \beta = 1,\ \alpha, \beta \in [0, 1] \qquad (4-1)$$

此时，中央银行的目标有两个，即使实际通货膨胀率和目标通货膨胀率之差的平方最小化（货币稳定目标），使实际产出和目标产出缺口的平方最小化（经济增长目标）。也就是说，中央银行以保证货币稳定和产出水平稳定为目标，即效用福利损失函数最小化。$\alpha, \beta \in [0, 1]$ 是中央银行的货币政策的权重倾向，当 $\alpha > 1/2$ 时，中央银行倾向于打压通货膨胀，当 $\beta>1/2$ 时，中央银行以促进经济增长为主要目标。

在式（4-1）中可以看到，中央在制定货币政策时遵循两项指标。第一项是货币稳定指标，π^* 是目标最优通货膨胀率（有些文献设为0），π 是实际的通货膨胀率，其中 m_p 是考虑稳定货币的增减量，是决策变量，m_y 是考虑经济增速目标的货币供给。考虑到 m_p 和 m_y 对通货膨胀的影响具有负相关性，这里设定 $\frac{\partial \pi}{\partial m_p}>0$，$\frac{\partial \pi}{\partial m_y}<0$，$\frac{\partial^2 \pi}{\partial m_p^2}=\frac{\partial^2 \pi}{\partial m_y^2}>0$。第二项是经济增长稳定的目标。$y^*$ 是目标最优产出值，y 是实际的产出水平。对于经济增长函数，有 $\frac{\partial y}{\partial m_y}>0$，$\frac{\partial^2 y}{\partial m_y^2}>0$。下面将分别讨论在独立性和非独立性的情况下中央银行最优的政策选择。

（1）独立性中央银行的福利损失函数

独立性较强的中央银行，不受政府的影响，按照自身最优规则实行货币稳定和维持经济增速，此时 $\pi^e=\pi^*=0$，$\bar{y}=y^*$。中央银行的决策函数为：

$$\min U_C(m_p, m_y) = \alpha[\pi(m_p, m_y)-\pi^*]^2 + \beta[y(m_y)-y^*]^2 \tag{4-2}$$

根据决策函数的一阶条件 $\frac{\partial U_C}{\partial m_y}=2\alpha[\pi(m_p, m_y)-\pi^*]\frac{\partial \pi}{\partial m_y}+2\beta[y(m_y)-y^*]\frac{\partial y}{\partial m_y}$，$\frac{\partial U_C}{\partial m_p}=2\alpha[\pi(m_p, m_y)-\pi^*]\frac{\partial \pi}{\partial m_p}$，可以得到以下命题：

命题4-1：强势独立的中央银行，不受政府的影响，不存在经济增速的约束，按照一阶条件最优规则实行货币稳定和经济增速操作（m_p^*，m_y^*）。

【证明】独立性较强的中央银行，没有政府经济增速约束。通过一阶条件两式联立可得均衡货币供给量（m_p^*，m_y^*），同时保证$[\pi(m_p, m_y)-\pi^*]$和$[y(m_y)-y^*]$都达到了最小值，即同时实现经济增速稳定目标和货币稳定目标。独立的中央银行仅考虑最优的经济增速目标，则中央银行只根据m_y^*进行决策，最优货币政策为$m_p(m_y^*)$。

（2）非独立性中央银行的福利损失函数

独立性较弱的中央银行，根据政府的需求，先行决定经济增速目标的操作，中央银行会刺激产出，使产出水平高于社会福利最佳水平，产出记为$y^*+k(k>0)$。中央显然是将经济增长摆在第一位的，通货膨胀也是一个不可忽视的指标，也是中央政府高度关注的。因此，实现经济增速目标的货币供给水平满足：$m_y=f(y^*+k)$[式(α)]。此时，中央银行的决策函数变为：

$$U_c(m_p, m_y) = \alpha[\pi(m_p, m)-\pi^*]^2 + \beta[y(m_y)-y^*-k]^2 \tag{4-3}$$

根据一阶条件$\frac{\partial U_c}{\partial m_p}=2\alpha[\pi(m_p, \overline{m}_y)-\pi^*]\frac{\partial \pi}{\partial m_p}=0$，可得以下命题：

命题4-2：非独立的中央银行，受经济增速的约束，经济增长目标由外生决定，中央银行的货币政策面临要么放任通货膨胀，要么屈从于经济增长的两难局面。当中央偏好经济增长目标时，就会牺牲通货膨胀来维持稳增长，即提高广义货币的增长率，从而导致M2的升高。

【证明】中央银行的非独立性决定了其对经济增速的偏好，一方面会提高权重 β，降低 α，另一方面最优经济增速目标变为 y^*+k，因而最优经济增速为 $\overline{\overline{m}}_y$，货币政策转变为 $\overline{\overline{m}}_p(\overline{\overline{m}}_y)$。比较 $y(m_y)$ 的反函数和式（a），可以看到 $\overline{\overline{m}}_y < m_y^*$。设置确保 $\pi(m_p, m_y) = \pi^*$ 的总体货币供应量，则 $M = m_p^* + m_y^*$，$M = \overline{\overline{m}}_p + \overline{\overline{m}}_y$ 记为（b）。结合 $\overline{\overline{m}}_y < m_y^*$，有 $\overline{\overline{m}}_p > m_p^*$。由此，中央银行如果偏好经济增速，就需要增加货币供应量，按照 $\overline{\overline{m}}_p$ 发行货币，可以得到 $\overline{\overline{m}}_p + m_y^* \geq M$，即总体货币供应量增加，此时货币稳定受制于经济增速，中央银行的独立性受到限制。

由于 $\overline{\overline{m}}_p + m_y^* \geq m_p^* + m_y^*$，$y^* + k > y^*$，$\left.\dfrac{M2}{GDP}\right|_{\text{放}} = \dfrac{\overline{\overline{m}}_p + m_y^*}{y^* + k} > \dfrac{m_p^* + m_y^*}{y^*} = \left.\dfrac{M2}{GDP}\right|_{\text{稳}}$，从而 M2/GDP 较稳定货币政策下的最优值要高。其中，经济增长由卢卡斯总供给函数决定 $y = \bar{y} + \varphi(\pi - \pi^e) + \varepsilon$。同理可得，当经济过热时，中央需要执行紧缩型货币政策，将经济增速目标变为 $y^* - k$，此时需要压缩货币供给量，$\left.\dfrac{M2}{GDP_2}\right|_{\text{收}} = \dfrac{\overline{\overline{m}}'_p + m_y^*}{y^* - k} > \dfrac{m_p^* + m_y^*}{y^*}$。据此，可得以下命题：

命题 4-3：当中央银行独立性受限时，需要通过增减货币供应量来满足经济增速目标，即通货膨胀目标服从于经济增速目标，最终会导致 M2/GDP 升高。

二 商业银行反应函数

中央银行在释放流动性时，商业银行信贷扩张的空间得以增强。一方面，商业银行在信贷投放方面会持续跟进中央的政策，另一方面，基于利润最大化的内在动力，在宽松型货币政策冲击下，商业银行会扩张规模。由于其主要的利润来源是存贷差，所以信贷规模越大，利润越多。然而，信贷规模变大质量就会相应下降，投放质量下降就会产生呆坏账，这也增加了系统性金融风险。银行系统虽然有扩大流动性的动机，但是也会有一定的风险规避意识，不敢产生过量的呆坏账。如果不良贷款过量，一方面中央会采取一定的惩罚措施，另一方面也不利于自身的长远健康发展，所以，商业银行除了倾向于贷给拥有抵押物的部门（如地方政府）或者国有企业，导致投资效率下降，还会将相当一部分资金用于信托等理财，这部分资金流动性强、风险低，但是带来的问题是货币在金融体系内空转，没有进入实体。基于上述情况，假定商业银行信贷资金分为两部分，即一部分用于理财，另一部分用于放贷，放贷的这部分资金基于风险规避和成本最小化原则的考虑，倾向于贷给效率较低但有抵押物的地方政府和国企等。

假定在稳定货币政策下，商业银行的信贷规模标准化为1，为了简化分析，假定此时商业银行除了自有资金和准备金，全部用于放贷，产出水平 Y_0 标准化为1。在宽松型或紧缩型货币政策下，商业银行的信贷规模记为 η，当 $\eta>1$ 时代表中央银行执行宽松型货币政策，$0<\eta<1$ 表明中央银行实行紧缩型货币政策。假定用于理财和放贷的规模分别为 $\eta\lambda$ 和 $(1-\lambda)\eta$。显然，用于理财的这一部分货币对GDP并不产生贡献，货币在金融体系内空转。所以，我们重点讨论用于放贷这一部分的货币在中央银行释放流动性

或收紧流动性后是如何对 GDP 产生贡献度的。

在宽松型货币政策下，商业银行基于利润最大化的考虑显然有扩张信贷的动力。同时，基于风险规避和成本最小化的考虑，除了一部分用于理财，用于放贷的部分主要倾向于有抵押品的地方政府和国企。地方政府因掌握着土地，土地作为持续增值的抵押品，必然会受到商业银行的青睐。基于以上分析，商业银行的反应函数为：

$$\pi(\alpha, \lambda) = \eta\lambda(1-\phi) + p_i(1-\lambda)\eta r_i + (1-p_i)[mR\sigma_i - (1-\lambda)\eta] - C_i(\eta) \tag{4-4}$$

其中，ϕ 表示用于理财部分的资本回报率，$i = \{$地方政府[①]，民企$\}$，r_i 表示贷款的利率（$\varphi < r_i$），p_i 表示贷款成功的概率，R 表示抵押物的价值，由于抵押物会增值，银行获得抵押物的当期市场价值为 $mR(m>1)$。$\sigma_i = \{0, 1\}$ 表示抵押物对象的反映变量，$\sigma_i = 1$ 表示贷款给有抵押物的对象，$\sigma_i = 0$ 表示贷款给没有抵押物的对象，$C_i(\eta)$ 表示商业银行在不同货币政策下的审查成本 $C_i|_{\eta>1} < C_i|_{\eta<1}$。有抵押物的贷款对象因为风险小，贷款成功率高但是贷款利率较低，即商业银行面临收益和风险之间的两难抉择。

$$\pi(\eta, \lambda, p_i) = \eta\lambda(1+\phi) + p_i(1-\lambda)\eta r_i + (1-p_i)[mR\sigma_i - (1-\lambda)\eta] - C_i(\eta)$$

$$\text{s.t.} \begin{cases} p_1 > p_0 \\ r_1 < r_0 \\ C_1(\eta) < C_0(\eta) \\ C_i|_{\eta>1} < |_{\eta<1} \end{cases} \tag{4-5}$$

商业银行利润函数的一阶条件为：

---

① 这里指地方政府的融资平台或者国企以及部分房地产企业。

$$\begin{cases} \dfrac{\partial \pi}{\partial \lambda} = \eta(1+\phi) - p_i \eta r_i + (1-p_i)\eta = 0 \\ \dfrac{\partial \pi}{\partial \eta} = \lambda(1+\phi) + p_i(1-\lambda) r_i + \lambda(1-p_i) - C'_i(\eta) = 0 \\ \dfrac{\partial \pi}{\partial p_i} = (1-\lambda)\eta r_i - [mR\sigma_i - (1-\lambda)\eta] = 0 \end{cases}$$

根据一阶条件 $\dfrac{\partial \pi}{\partial \lambda} = \eta(1+\phi) - p_i \eta r_i + (1-p_i)\eta = \eta[2+\phi-(1+r_i)p_i]$，由于 $(1+r_i)p_i \leq 2p_i \leq 2$，因此 $\dfrac{\partial \pi}{\partial \lambda} \geq 0$，也就是说商业银行用于理财的部分越多，其利润越高。不管是在宽松型货币政策还是在紧缩型货币政策下，商业银行都倾向于将货币用于理财，导致一部分货币在金融体系内空转，这部分货币并没有产生等量的 GDP，最终导致 M2/GDP 升高。据此，得到以下命题：

命题 4-4：商业银行在利润最大化的驱动下，倾向于将货币用于理财，导致货币在金融体系内空转，没有产生等量 GDP，从而使 M2/GDP 升高。

通过比较 π_1 和 π_0，得到 $\pi_1 > \pi_0$，即商业银行贷给有抵押物的对象获得的利润要比无抵押物的高，所以商业银行倾向于地方政府这一类有抵押物的对象。然而，地方政府、国企虽然有抵押物，但是由于其承担社会责任，并不完全以利润最大化为目标，其产出效率是低于民营企业的，这样商业银行倾向于有抵押物、有担保机制的地方政府、国企，就会导致等量的 M2 没有产生等量的 GDP，据此得到以下命题：

命题 4-5：商业银行倾向于有抵押物的地方政府和国

有企业，使信贷资金配置效率降低，同等 M2 没有产生等量 GDP，最终导致 M2/GDP 的上升。

由一阶条件可得 $(1-\lambda)\eta = mR\sigma_i/(1+r_i)$，即商业银行用于发放贷款的货币规模与抵押品价值正相关，贷款的对象与贷款利率同向变动。也就是说，当抵押品未来价值很高时，商业银行倾向于放款给有抵押品的对象。显然，地方政府拥有持续增值的土地资源，所以商业银行总是会倾向于贷给它们，且贷款利率通常会低于贷给其他企业的利率。

三　地方政府反应函数

在执行宽松型货币政策时，地方政府审批项目的标准会出现不同程度的放松。地方政府获得信贷资金后，开始审批各企业上报的项目。假定可贷资金总量为 1 时，不合格的项目比例为 ρ，则合格的项目比例为 $1-\rho$。当可贷资金总量变为 η（$\eta>1$ 表示宽松，$\eta<1$ 表示紧缩）（设 $0<\eta<1/\rho$）[①] 时，不合格项目的比例变为 $\rho\eta$，合格项目的比例变为 $1-\rho\eta$。也就是说，当银行释放资金流动性时，随着信贷总规模的扩大，地方政府上报不合格项目的比例呈上升趋势。而当中央银行实行紧缩型货币政策时，监督力度变强，合格项目的比例比在稳定货币政策下要高一些。

本章设地方政府识别不合格项目的概率为 $\eta^{1/2}$，地方政府在一定时期内获得的可贷资金越多，同等条件下审批的不合格项目数量就会越多，那么本地的产出也越高，这是符合地方政府追求经济增长最大化目标的。当经济过热或通胀水平较高时，中央银行需要实行紧缩型货币政策，监

---

① 释放流动性和收紧流动性都不可能无限制，这里假定合理。

督力度变强,地方政府审批的不合格项目比例减小;反之,当受到外部冲击时,监督强度变弱,整体信贷规模变大,地方政府通过"游说"商业银行审批的不合格项目总数就变多。这里为了分析的方便,不失一般性地假定地方政府所投入的资本全部通过商业银行借贷所得,没有自有资金。设地方政府识别不合格项目的概率$\tau(\eta, r)$关于η是凹的、递增的、二次可微的,显然$0<\eta^{1/2} \leq \rho\eta \leq 1$。考虑到地方政府投入的资本是有限的,受限于可贷资金总量,η存在上限值$\bar{\eta}$,上报项目的各企业的成本函数关于η是凸的、递增的、二次可微的。

假定在不存在外部冲击时,在中央强力的监督下,地方政府投入资本和劳动,合格的项目以概率1审批通过,而不合格项目不会通过审批。在中央银行实行宽松型或紧缩型货币政策下,一方面中央的监督强度变化(宽松时致力于释放流动性,紧缩时致力于收回流动性),另一方面地方政府基于自身经济增长的需求对项目质量的审批也会变动,如执行宽松型货币政策时会"游说"商业银行以获取信贷资金,此时设定合格的项目以概率1通过审批,不合格项目以$\frac{1}{\rho}(1-\eta^{1/2})$的概率通过审批。也就是说,在中央银行释放流动性时,地方政府审批通过的不合格项目概率提高,而在中央银行收紧流动性时,由于项目总规模受限,合格项目的审批概率随信贷规模的缩小而减小。同时可以看到,不合格项目审批通过的概率与信贷规模正相关,不合格项目审批通过的概率越高,意味着货币收回的概率越低,也就是说释放的流动性并没有有效转化为产出,未对GDP产生同等贡献。

不合格项目的规模与信贷总量有关，当信贷规模扩大时，即中央银行执行宽松型货币政策时，审批通过的不合格项目的比例变大。而当信贷规模缩小时，即中央银行收紧流动性时，不合格项目的比例减小。不失一般性地假定同等信贷规模下合格项目的产出水平比不合格项目要高，且在中央银行执行宽松型货币政策时，不合格项目产出水平随信贷规模增速变慢，而在紧缩时，不合格项目产出增速水平随信贷规模的减小而骤降。不失一般性地假定合格项目的产出增速水平形式为 $\Delta Y = A_0 \eta$，宽松型货币政策下不合格项目的产出增速形式为 $\Delta \overline{Y} = A_1 \eta$，其中 $A_0 > A_1$。综上所述，中央银行在实行不同货币政策时地方政府的产出形式分别为：

$$\Delta Y_t = \begin{cases} A_0 \eta (1-\rho\eta) + A_1 \eta \rho^{-1}(1-\eta^{1/2})\rho\eta, & \eta > 1 \\ A_0 (1-\rho), & \eta = 1 \\ A_0 \eta (1-\rho\eta) \eta^{1/2}, & \eta < 1 \end{cases} \quad (4-6)$$

（1）在稳定的货币政策下，$\dfrac{M_2}{GDP}\big|_{稳} = \dfrac{1}{A_0(1-\rho)}$。

（2）在中央银行宽松型货币政策冲击下，$\dfrac{M_2}{GDP}\big|_{放} = \dfrac{1}{A_1\eta(1-\eta^{-1/2}) + A_0(1-\rho\eta)}$。

（3）在中央银行紧缩型货币政策下，$\dfrac{M_2}{GDP}\big|_{收} = \dfrac{1}{A_0(1-\rho\eta)\eta^{1/2}}$。

首先，比较中央银行执行宽松型货币政策和稳定货币政策下的高货币比率，通过分析函数形式可以看到，只需要分析 $f(\eta)=A_1\eta(1-\eta^{1/2})+A_0(1-\rho\eta)$ 的增减性，通过求导可以得到 $f'(\eta)<0$，即随着信贷投放量 η 的增大，$f(\eta)$ 在减小，那么 M2/GDP 增大，并且当 $\eta=1$ 时 $A_0(1-\rho)-f(1)=0$，所以在宽松型货币政策冲击下，高货币比率在上升。其次，比较中央银行在紧缩型货币政策和稳定货币政策下的高货币比率，同理，可分析 $g(\eta)=A_0(1-\rho\eta)\eta^{1/2}$ 的增减性，由 $0<\eta<1/3\rho$ 可知，随着信贷投放量的减小，$g(\eta)$ 在减小，并且当 $\eta=1$ 时 $A_0(1-\rho)-g(1)=0$，也就是说在紧缩型货币政策下高货币比值比稳定货币政策要高[①]。据此可以得到以下命题：

命题 4-6：在中央银行独立性受限时，地方政府的行为影响 M2/GDP 的变化。在宽松型货币政策下，地方政府倾向于增大不合格项目规模来获取信贷，从而导致同等 M2 并没有产生同等 GDP；而在紧缩型货币政策下，合格项目的审批也会受限，导致 GDP 下滑严重，从而导致 M2/GDP 的提高。

第四节　结果分析

从 20 世纪 90 年代开始，中国的信贷投放包括 M2 的增长，有两个特别明显的释放流动性的时间段。第一个时间段是 1992—1993 年，而在 1992 年邓小平同志"南方谈话"以后，全国各地的开发区陆续建起来，需要释放资金流动

[①] 同理可证，假定在紧缩型货币政策下，不合格项目也以一定概率通过筛选，则在信贷规模缩减时，不合格项目的 GDP 增速急剧下滑，依然会导致 M2/GDP 升高。

性以满足经济建设的需求；第二个时间段就是2008年，为应对国际金融危机，需要释放资金流动性以实现稳增长目标。我国自改革开放以来，广义货币供给量M2的增长率和国内生产总值GDP增长率有一大特点，即经过一段时间均会出现一次宏观金融政策的外部冲击，导致M2和GDP均出现一定波动（见图4-1）。

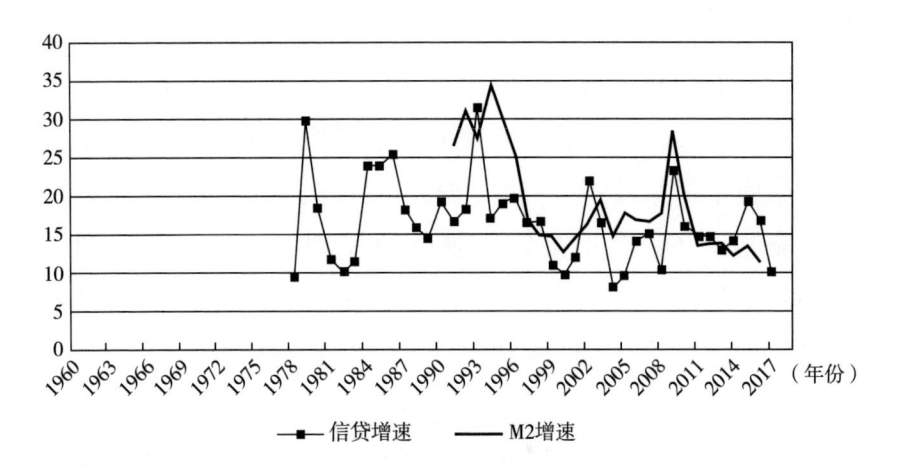

图4-1 我国M2增速的历史趋势

资料来源：国家统计局和世界银行。1990年以前可以参考信贷增速。

综观中央银行每一次宽松型货币政策的执行，要么是国际经济出现危机，要么是中国经济放缓，要么就是基于我国自身的发展需求。国家为了稳增长、保就业，需要执行宽松型货币政策。从表4-1可以看出，自1978年改革开放开始，我国执行宽松型的货币政策的时间节点大致有1992年邓小平同志"南方谈话"、2000—2003年我国加入WTO、2008年国际金融危机、2012年中国经济放缓，以及2014年国际油价暴跌等。其中，较为明显的释放流动性的时间节点主要有四个，它们分别是1978年改革开放、1992年

表 4-1　　改革开放以来中央银行宽松型货币政策一览①

时间节点	事件	M2/GDP	M2 增速	GDP 增速
1978—1979 年	改革开放	0.38	9.38%	11.47%
1992—1993 年	1992 年年初邓小平同志"南方谈话",确立了从计划经济转变为市场经济的目标。当时中央银行在货币政策执行方面表现较弱,受地方政府行为的影响较大。因缺少了中央银行的间接控制,引发了第一波大规模的流动性释放。而在执行紧缩型货币政策以求收紧流动性时,GDP 水平急速下降,最终致使 M2/GDP 的升高	1992 年 M2/GDP 的值为 0.9,1993 年已经突破 1	31.3%。1992 年 M2 增速 30.8%,1993 年增速 46.7%	先推动 GDP 激增,货币紧缩后 GDP 又急速滑坡。1992 年 GDP 增速 14.2%,1993 年增速达 13.9%
2000—2003 年	在这一时期,国际经济出现衰退。②中国在加入 WTO 后,一开始担心会受到加入世贸组织的负面冲击③,所以,中央银行开始释放流动性,扩张信贷投放量,以确保加入世贸组织的平稳过渡。此外,2000 年的互联网泡沫破灭和 2001 年的 9·11 事件也使全球经济发生了衰退	M2/GDP 的值从 2000 年的 1.35 增至 2003 年的 1.53	16.8%。M2 增速从 2000 年的 12.3% 增至 2003 年的 19.2%	9.1%。GDP 增速从 2000 年的 8.49% 增至 2003 年的 10%

---

① 根据国信证券研报《从历次放水看什么宏观数据可能引致货币再宽松》整理。
② 衰退一般是指经济增速的大幅下滑,严格意义上真正的衰退是指经济负增长。
③ 2000 年释放流动性,其中的一大原因是要加入世贸组织。国外普遍认为中国的银行资不抵债会破产,所以当时四大银行成立了四大资产管理公司,把银行的坏账一次性地拨给这些资产管理公司,让它们轻装上阵,这也是那次货币扩张的原因。为了应对加入世贸组织的挑战,一是中央放松货币来稳定经济,二是帮助银行剥离了数万亿元的债务。这导致银行的放款能力显著上升,银行也是在那时纷纷上市融资。也就是说,我们有两次大规模释放流动性、一次小规模释放流动性。由于四大行成立了资产管理公司,所以它们在中央释放流动性的时候也会增加信贷投放量,而在收紧时因有国家兜底而有恃无恐。

续表

时间节点	事件	M2/GDP	M2 增速	GDP 增速
2008年9月	这一时期发生了国际金融危机。中央银行先后4次下调存款准备金率，5次下调金融机构存贷款基准利率，2次下调存贷款利率。11月9日国务院更是提出"四万亿"投资刺激计划和适度宽松的货币政策	M2/GDP 的值从 2008 年的 1.48 直接升至 2009 年的 1.74	17.8%。M2 增速从 2008 年的 17.7% 增至 2009 年的 28.4%	9.7%。GDP 增速从 2007 年的 14.2% 降至 2008 年的 9.7%，在中央银行释放流动性后的 2009 年依然再降至 9.4%
2012年年初	中国经济在 2008 年国际金融危机后放缓，2011 年 GDP 季度增速跌破 8。中央政府采取了"新一轮经济刺激政策"，先后两次降准、两次降息（货币政策），批复了大量项目（财政政策），致使基建投资、房地产投资①快速拉升②	M2/GDP 的值为 1.80	13.8%	7.9%（GDP 增速破8）
2014年11月	油价暴跌③，为应对危机，我国的货币政策从"定向降准"转向"全面宽松"，中央银行先后降准降息，大幅降低货币资金利率。这也直接引爆了 2014 年年底股票市场的行情	M2/GDP 的值为 1.91	12.2%	7.3%

---

① 房地产政策在 2011 年收紧，2012 年名义上各项调控政策依然非常严厉，包括限购等措施依旧在实施，但实际上进入 2012 年以后，各地对房地产的政策是有所松动的，各种微调的动作越来越多。先是多个城市出现了公积金贷款额度的调整放宽，然后有限购条件的放松，首套房贷款利率从上浮到恢复基准再到九折、八五折。到 6 月和 7 月中央银行两次降息下调基准利率，走向全面宽松阶段。所以，我们看到商品房销售面积累计同比增速在 2012 年出现了快速拉起，从年初的-14%快速上升到年底的 2%，跨年后 2013 年 2 月累计同比增速上升到了 50%。2012 年，新一轮的房地产上行周期又开启了。

② 在财政策方面，国家发改委审批通过了一大批投资项目。财政政策拉动的基础设施建设投资同比增速快速升起，累计增速在 2013 年年初达到了 25%。

③ 国际原油价格在 2011 年冲高后，一直维持在每桶 100 美元以上，到 2014 年 6 月，布伦特原油价格仍在大约每桶 115 美元的位置。随后原油价格开始暴跌，到 2014 年年底，布伦特原油价格已经跌破每桶 50 美元。

邓小平同志"南方谈话"、2000—2003年加入WTO以及2008年的国际金融危机。国家释放流动性的政策间接推动了M2/GDP的大幅上升，成为M2/GDP上升的原始推动力。

近年来，广义货币与国内生产总值的比率（M2/GDP）持续呈现上升趋势，较为关键的时间节点有以下几个。其一，1992年邓小平同志"南方谈话"之后经济增速出现快速拉升。此后两年，经济保持持续过热，通货膨胀率非常高，为了防止经济危机的发生，货币政策开始收紧，致使经济增速从1993年开始下降，此后连续七年一直处于下降状态，GDP增长率更是出现跌破8%的情况，中央银行基于稳增长的约束连续几次降准降息，以期释放流动性。其二，受2000年互联网泡沫破灭和2001年9·11事件的影响，国际经济在2001年发生了衰退，此时中央银行开始释放流动性，GDP增速出现一定程度的回升。其三，2008年国际金融危机使各国的经济状况都遭受重创，我国当然也受到冲击，GDP增速直接从15.4%（2008年）迅速降到8.4%（2009年），为此国务院于2008年年底推出了"四万亿"的投资刺激计划试图拉动GDP。事实证明，这一波刺激很有成效，经济增速从8.4%迅速回升到了15.5%（2010年）。为了应对2008年国际金融危机，维持一定速度的经济增长水平，宽松型货币政策和"四万亿"投资计划齐发动，流动性瞬间提升，M2增速直接从2008年的17.7%增至2009年的28.4%，M2/GDP也从2008年的1.48达到了1.74。但受到国际金融危机这一外部冲击的影响，经济增速水平从14.2%降至9.7%。在"四万亿"基建投资的政策背景下，由于我国特殊的融资体制，地方政府和国有企业在银行系统信贷配给方面具有天然的优势，一方面地方政府拥有土地等可抵押资源，另一方面地方政府和国企有中央兜底，银行系统基于风险规避的考虑也必然愿意贷给地方政府，这就导致地方政府和商业银行有恃无恐。这种现象致使信贷资源出现错配。地方的巨额债务浮出水面，如何解决又面临严峻的问题，为了维持稳定和保增长，只能继续释放流动性，最终导致 M2/GDP 的不断攀升。中央银行持续的宽松型货币政策虽然可以短时间内使经济增速提升，但是这样的增速显然不是常态，靠短期投资拉动经济并不具有稳态性，所以 2011 年 GDP 增速又跌破 8%，中央为了维持经济增速，先后两次降准、两次降息（货币政策），批复了大量项目（财政政策），基建投资、房地产投资增速出现快速拉升。但是，经济增速依然持续探底，加之 2014 年国际油价出现暴跌，货币政策开始从"定向降准"转向"全面宽松"，这一政策也直接引爆了 2014 年年底股票市场的行情。

通过以上分析可以看到，中央每一次释放流动性都是伴随经济增速的变动，每一次经济增速出现下降态势，中央就要采取宽松型货币政策或财政政策。也就是说，中央在投放广义货币 M2 方面相对自由，其执行宽松型或紧缩型政策的约束条件主要取决于经济增长，即中央有稳增长的约束。在国家刺激经济的时候就会大规模地释放流动性，造成广义货币 M2 增加，这是第一大激励因素。中央有稳增长的压力，必定希望每年的经济都能稳步保持一定的增长速度，而在"去杠杆"力度上的作用上是有限的。譬如，历届中央经济工作会议多次提出要防范和化解风险，主要是金融风险。防范化解金融风险的一个重要手段就是"去杠杆",但是大规模"去杠杆"一方面会导致债务问题严重,另一方面不利于经济增长。中国金融四十人论坛(CF40)成员,时任光大集团研究院副院长、光大证券首席经济学家彭文生认为,世界上不存在没有痛苦的"去杠杆"。彭文生结合之前一年的经济发展,在一次演讲中指出,信贷投放过多容易催生资产泡沫,存在潜在金融风险。多方分析认为,在化解金融风险、降低债务率的过程中,要避免伤害经济增长,"去杠杆""紧信用"也要顾及对实体经济的影响,必须保证必要的经济增长速度,不可刹车太急[①]。在密集性大规模释放流动性出现问题后,如果往回收就会出现经济大规模的滑坡,政府在稳增长的自身约束下,是不乐意看到经济滑坡的,这也不利于整个国民经济的发展。中央在释放流动性后,需要收紧时有自身稳增长约束,导致货币投放的多收回的少,难以做到收放自如。当前,我国经济增长至关重要,也就是说,宏观金融政策稳定性和中央银行独立性可能是导致高货币现象的一大因素。从商业银行的角度看,基于规避风险的角度,银行也愿意将信贷投放给地方政府(基建)和房地产企业,因为地方政府手中掌握土地资源,土地作为抵押物风险小且持续增值,这就导致 M2 在金融系统内空转,对经济增长没有促进作用,GDP 增速受到抑制(效率低),最终导致 M2/GDP 进一步升高。

综合以上分析,基于信贷传导机制角度,中央银行在受到外部冲击时,需要释放流动性以保证经济增长,商业

---

① 《经济走势跟踪(1838 期)"去杠杆"与经济增长》。

银行与地方政府基于利润最大化约束，在信贷投放方面容易推波助澜，因此在释放流动性时货币传导很通畅。而在收紧流动性时容易受到层层阻碍。首先，中央有稳增长的约束，大规模收紧流动性会造成经济的急速滑坡，经济增速下降不利于整个国民经济的发展；其次，商业银行在前期释放流动性阶段投放的资金产生了很多呆坏账，很难做到全部收回；最后，地方政府之前批复的项目因质量问题也很难将资金有效收回。这种"易放难收"的货币调节机制导致 M2/GDP 不断攀升。

第五节　本章小结

中央银行在受到外部冲击时，会倾向于通过释放流动性实现经济稳增长的目标，这就会造成广义货币 M2 突然增加。此外，中央政府有保增长的压力，必定希望每年的经济增长都能稳步保持一定的增速，在密集性大规模释放流动性出现问题后，如果往回收就会出现经济大规模的滑坡，政府在自身稳增长的约束下，是不乐意看到经济滑坡的，这也不利于整个国民经济的发展。中央在释放流动性时没有自由度，收紧时有自身增长约束，导致货币"易放难收"，无法做到收放自如，宽松和紧缩两者的作用叠加最终导致 M2/GDP 持续升高。

由于中央银行的独立性受限，在中央决定释放流动性时，中央银行的"总闸门"打开，商业银行、地方政府推波助澜，基础货币通过货币乘数层层放出去，此时货币传导过程很通畅；当经济过热或者通胀压力较大时，货币收紧过程受到层层阻碍。中央有稳增长、保就业的压力，商业银行和地方因信贷错配问题导致货币收不回来，货币传导机制受阻。正是因为中央银行有保增长的约束，流动性收紧过快容易造成经济增速急速下降，因此，放出去的信贷很难及时有效收回，这就会导致每次释放流动性后只能收回一部分，再次面对外部冲击时继续释放流动性，收回时依然只能收回一部分，货币"易放难收"的动态叠加使货币化水平 M2/GDP 不断升高。未来，进一步强化中央银行独立性，重塑中央和地方的关系，或许可以部分缓解 M2/GDP 不断攀升的现象。

第五章 商业银行行为与"高货币之谜":影响机理

第一节 引言

中国的"高货币之谜"自麦金农提出以来,一直广受经济学界以及货币当局的关注。起初,学者只是对中国出现的高货币与低通货膨胀并存的现象表示疑惑,随后学者开始对这种奇特现象进行合理化的解释,比较有代表性的是货币化假说(易纲,1996)、货币传导机制受阻假说、被迫储蓄假说、货币沉淀假说等(秦朵,1997;郭浩,2002;颜竹梅等,2009;陈德胜、郑后成,2015)。然而,随着市场化进程的不断加快,这种高货币、低通货膨胀的现象仍然存在,并有加速上升的趋势。尤其是国际金融危机以来,这种外部冲击竟然也没有阻挡货币增长速度持续高于经济增长速度的趋势。由此,学界和货币当局产生了对这种高货币、低增长现象的担忧。这种趋势究竟能够持续多久?值不值得担忧?是否应该采取措施来防止潜在风险的发生?如此一系列问题浮出水面。如都星汉等(2009)就指出现代信用制度下 M2/GDP>1 并不是中国特有的现象（参见图 5-1），全世界都呈现持续上升的趋势，且趋势并不像 Goldsmith（1969）指出的呈现倒"U"形，而是呈现"喇叭口"趋势。而对于我国高货币、低增长的态势是否值得担忧，多数学者认为中国 M2/GDP 偏高，可能带来一定的金融风险（汪洋，2007；谢平、张怀清，2007；黄昌利、王艳萍，2012），他们普遍认为过高的货币化比率会引发银行体系的支付风险，进而影响宏观经济的稳定。当然，也有些学者并不这么认为，如秦朵（2002）认为过高的货币化水平不一定意味着金融风险的加大，她通过实证分析得出广义货币的快速增长源于准货币部分的增长，而准货币的主要构成是银行储蓄存款。由于我国的金融资产累积途径较为单一，居民储蓄形式相对单一，大部分储蓄以银行储蓄存款的形式存在，进而间接导致了广义货币的增长。然而，随着我国金融市场的不断发展，以及 2001 年将证券保证金也加入广义货币供应量统计口径，我们看到证券业以及保险业等金融机构的加入极大丰富了公众的存款行为。但是，由于我国的金融市场仍处于起步阶段，并不稳定，加之社会保障机制的不健全，基于公众预防储蓄动机的存款仍然占很大比重。然而，即便在这些约束条件都存在的情况下，仍然不能全方位地解释公众的存款为何持续增长。因此，本章提出一个新的分析视角：在其他条件不变的情况下，金融机构间的存款竞争行为在一定程度上也促进了公众存款倾向，进而促进了广义货币供应量 M2 的增长。鉴于此，本章首先以博弈论作为分析工具，试图论证公众的储蓄行为与金融机构之间的存款竞争一定程度上导致了广义货币供给量 M2 的增长。

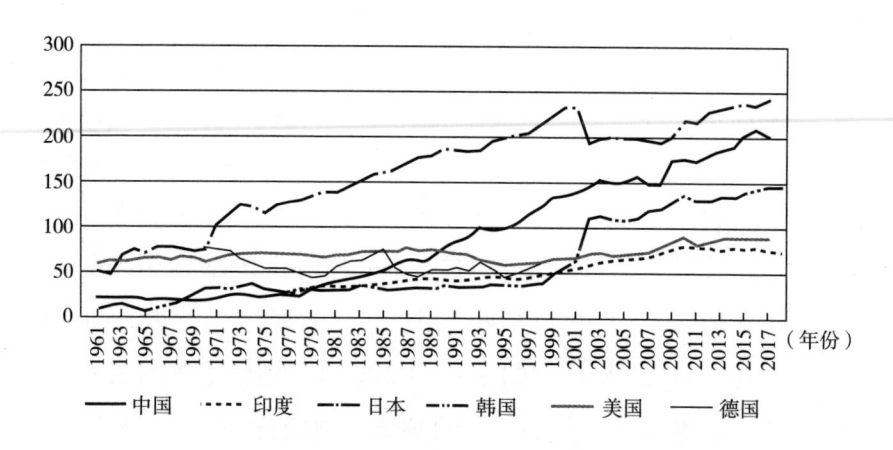

图 5-1 相关国家 M2/GDP 水平比较

资料来源：根据世界银行（https://data.worldbank.org.cn/indicator）、OECD 官网（http://www.oecd.org/）和国家统计局（http://www.stats.gov.cn/）的数据整理所得。

广义货币供给量 M2 由三要素决定：基础货币、货币乘数和货币流通速度。其中，基础货币与中央银行的外汇储备量有关。货币乘数更多的是源于商业银行的信用创造过程。货币流通速度即货币通过市场进行消费流通的速度，反映了社会需求。M2 中的现金为中央银行（中央政府）对公众的负债，M2 中的存款为商业银行对公众的负债。所以，M2/GDP 越高，整体支付风险越大（黄昌利、任若恩，2004）。决定广义货币 M2 存量的是基础货币 B 和货币乘数 Km_2。由货币供给方程可得：$M2 = Km_2 \times B = (1+h)/(r+e+h) \times B$。其中，$h$ 是指流通中的现金与存款总额的比例，即通货比率，是衡量社会公众对现金偏好程度的指标。如果通货比率下降，则意味着公众持有现金减少，持有各种形式的存款在增加，通货比率同时也是衡量货币有用性的指标。r

是法定存款准备金率。e 是商业银行超额存款准备金率。

在现代信用货币制度下，一切信用货币都是由存款货币通过银行信用创造的。近年来，我国经济的货币化水平（M2/GDP）一直居高不下，一度成为学术界和政策界关注的焦点问题。基于此，本章将继续对商业银行资产负债表影响广义货币供给进行微观机理分析，认为商业银行资产负债表的结构性扩张会影响广义货币供给。然后，利用2005—2017年的季度数据进行实证检验，实证结果表明商业银行资产负债表的不断扩张对广义货币供应量具有显著的正向影响，即商业银行的资产规模不断扩大是导致M2/GDP升高的关键因素。同时，资产的结构性变动也一定程度上影响了广义货币供给，成为推高M2/GDP的重要因素。

要理解M2/GDP高的原因，就需要对一国的货币产生机制进行系统的分析，以整体把握高货币问题的产生机制。根据M2的理论定义我们知道，M2实际是基础货币通过信贷循环创造出来的，即从某种意义上讲，M2是通过货币乘数乘出来的，广义货币M2通过信贷活动流入经济体，进而对GDP产生贡献。也就是说，广义货币M2（存款）是由贷款创造的，先有贷款才有存款，在银行的资产负债表中，除一部分存款准备金外，有多少贷款就会对应相应的存款M2。M2统计的是金融机构的负债方（对应的是实体经济的资产方），是金融机构的负债方，是金融体系对实体经济提供的流动性和购买力，反映了社会的总需求（盛松成，2018）。货币供给的源头在中央银行，中央银行通过向商业银行提供基础货币，构成商业银行进行资产扩张进而创造广义货币M2的基础。广义货币供应量M2的变动，主要有两个影响因素：一是基础货币，另一个是货币乘数。在货币金融学理论中，二者相乘等于M2。影响货币乘数的因素包括存款准备金率、现金在存款中的比率。我国是以间接融资为主的国家，资金融通绝大部分以银行为媒介，直接融资比率非常低，那么商业银行资产负债表结构一定程度上能反映广义货币量M2的供给状况。一些学者据此展开了分析，如徐斯旸和查理（2017）提到在以间接融资为主的融资体系中通过商业银行资产负债表的扩张可以不断推升货币供给量，进而推高货币化水平，但是并没有对其进行深入论证。张春生和吴超林（2008）从商业银行资产负债表的角度指出存贷差和不良资产是导致高货币化的最主要因素，但是所用指标不全，且就像作者所说的，不良贷款率缺乏数据支撑，没有进行实证分析。李治国（2007）从货币当局的资产负债表角度指出货币当局的资产负债结构可以影响公众和商业银行的资产负债结构，进而影响基础货币和货币乘数。基础货币通过商业银行的存款创造及公众流通形成货币供应量的放大倍数。考虑到我国是以间接融资为主，受这些学者研究的启发，本章试图从商业银行资产负债表角度研究我国转型时期的货币供给决定机制，解析我国货币供应量持续增长的微观基础与相关机理，并通过商业银行资产负债表结构的变化进行实证解释。

第二节　存款竞争与高货币供给

一　基础模型

我们知道，分析公众存款规模的增长仍需从存款的供给方和需求方着手。从存款的供给角度看，按所有者来源可将公众存款的经济主体划分为居民、企业以及政府，由于我们的重点在于分析存款与广义货币的关系，所以并不加以区分各经济主体的行为，将其统称为公众。从中央银行公布的广义货币供给量计算公式来看，公众存款构成了广义货币的准货币量的主要部分，实践结果也给出了例证（秦朵，2002；王国刚，2011；等等）。从存款的需求角度看，一方面，由于我国正处在市场化进程当中，投资渠道缺乏，金融创新工具较为单一，因而公众的金融资产积累途径较为单一，大多以存款的形式被金融机构（尤其是银行）吸收。另一方面，基于货币预防需求的动机，由于社会保障机制的不健全，加之收入不确定以及经济形势的不明朗，公众倾向于积累存款以备不时之需。近年来，国内外学者通过诸多文献从中国高储蓄率角度来解读我国的"高货币之谜"形成机制（李扬、殷剑峰，2007；曾令华，2001；何新华、曹永福等，2005），他们认为中国的高储蓄率可以解释超额货币供给量（董青马、胡正，2011），曾令华（2001）也认为中国居民的储蓄率过高是造成我国超额货币供给的重要原因。尤其是 2008 年国际金融危机以来，我国的高储蓄率即居民储蓄行为，包括高储蓄率方面的研究，是探究我国的"高货币之谜"产生的关键因素。在公众存款需求下，商业银行的存款竞争行为也会一定程度上影响公众的储蓄行为，成为推高 M2 的重要因素。郭铭文（2006）就曾指出，在市场经济背景下商业银行存款稳定性是商业银行和公众存款者互相作用的结果。关于商业银行存款竞争行为的研究较为丰富，如雷震和彭欢（2009）通过构建我国银行业地区差异和存贷款差异特征的结构模型，实证分析得出我国的存款市场竞争弱于贷款竞争，其竞争模式介于完全垄断和古诺均衡。杨金荣（2014）通过总结商业银行的存款竞争理论，得出国内商业银行存款竞争面临金融"脱媒"速度加快、利率市场化、现代信息技术发展、商业银行转型以及监管政策调整等诸多挑战。徐宁（2018）通过分析中国商业银行存款价格竞争的特点，认为中央银行需采取一些方法来规避存款定价过度竞争的风险。张孟（2016）回顾了商业银行吸收存款能力的影响因素，并将商业银行和社会保障体系结合起来，通过实证分析发现我国的商业银行总体存款吸收能力表现较好，总存款量不断增长。通过以上文献梳理可以看到，有关公众存款行为、储蓄率高以及商业银行存款竞争方面的研究较为丰富，我们将在学者研究的基础上探究商业银行存款竞争行为如何影响公众储蓄行为，进而影响"高货币之谜"的产生机制。

目前，从中央银行公布的广义货币供给量计算公式来看，公众存款构成了广义货币的准货币量的主要部分，实践也给出了佐证（秦朵，2002；王国刚，2011，等等）。所以，本书不失一般性地假定 $M2 = \alpha S(\alpha>1)$，其中 $M2$ 是指广义货币，S 是指公众储蓄存款，α 为系数。从存款的需求角度看，一方面，由于我国正处在市场化进程当中，投资渠道相对缺乏，金融创新工具也较为单一，因而公众的金融资产积累途径较为单一化，大都以存款的形式被金融机构（尤其是银行）所吸收。另一方面，基于货币预防需求的动机，由于社会保障机制的不健全，加之收入的不确定以及经济形势的不明朗，公众倾向于积累存款以备不时之需。然而，即便在这些现有约束条件都存在的情况下，仍然不能全方位地解释公众的存款为何持续增长。因此，这里我们将提出一个全新的分析视角：在其他条件不变的情况下，金融机构间的存款竞争行为一定程度上也促进了公众存款倾向，进而促进了广义货币供应量 M2 的持续增长。

在本章的基础模型部分，我们将建立公众与单个金融机构的存款博弈模型。其实在金融业改革之前，金融机构实质上就是作为财政部门的附属机构来执行筹资职能的，并不具备单独的营利动机，所以那时候的金融机构近似为一家单独的机构在垄断运营。基于理性经济人的假设，垄断金融机构在吸收存款的同时必然也会考虑到成本—收益，其中金融机构揽储的成本 C_A 包括支付给公众的利息以及管理成本等，收益 R_A 为将存款贷出去的资本利得。在不进行揽储行动时金融机构的成本记为 $C_{\bar{A}}(C_{\bar{A}}<C_A)$，收益记为 $R_{\bar{A}}(R_{\bar{A}}<R_A)$，为了行文方便，假定金融机构吸收的存款全部可以贷出去，且吸收存款的边际成本不变，那么可以得到 $R_A-R_{\bar{A}}>C_A-C_{\bar{A}}$。当然，更接近事实的假设是金融机构会留有一定的存款准备金，如各商业银行会把一部分资金以法定准备金的形式交由中央银行，还有一部分资金以超额准备金形式存在以备不时之需。这里，为了简化模型推导，并不加以拓展，这并不影响本章结论。

本节构建的博弈模型的参与者为：公众 L 和金融机构 A；策略空间为：公众（存款，不存款）、金融机构（揽储，不揽储）。在博弈第一阶段，金融机构选择揽储还是不揽储，如果在第一阶段金融机构选择揽储，则博弈进入第二阶段。这里我们需要说明的是，在金融机构不进行揽储大战时，我们将公众的储蓄存款标准化为1，即研究金融机构揽储与不揽储之争的相对存款额度差 ΔD。在博弈第二阶段，居民选择存款或是不存款（相对值）。其实，在市场上只有单家金融机构时，只要金融机构采取揽储行动，譬如提高利率或者改善服务，那么公众在有储蓄盈余的情况下便会选择存款行为，即该博弈为一次性博弈。U_L 和 U_A 分别表示公众和金融机构的效用函数，其中假定金融机构决定进行揽储行动的概率为 q，此时（在外界条件不变的情况下）公众存款的概率为 p（$p>1/2$），将公众选择存款时的收益记为 $S_L=\beta S$，$R_A>S_L>C_A$，$\beta \in (0, 1)$。公众存款成本很小可以忽略不计（当然，公众选择存款会有机会成本，如失去了投资其他品种或者消费的机会），那么单个金融机构博弈时序情况如表5-1所示。

表5-1　　　　　　　　单个金融机构博弈时序示意

	金融机构 A	
公众 L	（存款，揽储）	（存款，不揽储）
	（不存款，揽储）	（不存款，不揽储）

从表5-1可以看出，金融机构与公众的存款博弈将会产生四种博弈结果。其中，公众和金融机构的效用函数分别为：

$$U_L=p\times(\beta S)+(1-p)\times 0, \quad U_A=q\times(R_A-C_A)+(1-q)\times(R_{\bar{A}}-C_{\bar{A}}) \tag{5-1}$$

对于公众来讲，只要 $U_L(1, \beta S, 0) > U_L(0, 0, 0)$（其中，1代表存款，0代表不存款），公众便会选择存款

(公众不存款而是消费等会获得满足感,也会增加效用,不影响讨论结果),显然公众的最优选择为存款。那么对于金融机构来讲,只要 $U_A(1, R_A, C_A) > U_L(0, R_{\bar{A}}, C_{\bar{A}})$,金融机构将会选择揽储。使金融机构 A 的效用最大化,得到:

$$\frac{\partial U_A}{\partial p} = (R_A - C_A) - (R_{\bar{A}} - C_{\bar{A}}) = (R_A - R_{\bar{A}}) - (C_A - C_{\bar{A}}) > 0$$

即金融机构的效用随揽储行动的概率增大而增加,那么金融机构的最优选择为揽储。由此,得到以下命题:

命题 5-1:公众与金融机构的存款博弈均衡为(存款,揽储)。

命题 5-2:由 $M_2 = \alpha S$ 可知,金融机构的存款额度在一定程度上影响广义货币供应量 M2 的增长,即随着金融机构揽储行动的展开以及公众存款倾向的增加,广义货币供应量 M2 增大。

二 拓展模型

随着金融业的改革、各种新兴商业银行以及外资银行的引入、互联网金融的创新,加之利率市场化进程的加快,金融机构的竞争结构发生了巨大的变化。在金融开放的大格局下,传统金融机构(如老牌的国有银行)的优势地位受到了极大的挑战,亟待转型创新,存款竞争由此拉开了序幕。近年来,随着金融市场化进程的加快,各金融机构的揽储大战甚是多样,如有奖储蓄、减免或报销其他业务手续费、购买理财产品、以第三方存管等业务名义向客户返现金、送礼品或者购物卡等。然而,多家金融机构并存的揽储大战,其策略行为也并非同时决策,更接近事实的是少数金融机构首先挑起存款大战,采取先下手为强的办法，而别的金融机构纷纷效仿并加以创新，越发有后来居上的态势。所以从某种意义上讲，经济主体的决策是基于观察到另一经济主体的行动结果才开始行动的，属于动态博弈。因此，在本节的拓展模型中，我们将采用动态博弈模型来分析在多家金融机构并存的情况下，揽储大战如何影响公众存款倾向，进而影响广义货币供应量 M2 的增长。

在本节的拓展博弈模型中，假定参加存款博弈的有 n 家金融机构，$n>2$，意味着至少有 3 家金融机构参加，其中有 1 家（或数家，这里为了简化模型推导假定 1 家）金融机构首先挑起揽储大战，记为 n，它对揽储大战的展开至关重要。从某种意义上讲，它若不发起揽储行动，揽储大战将很有可能推迟甚至流产；反之，金融机构间的揽储之争则比较容易滋生。其他金融机构即集体的合伙人，记为 i（$i=1, 2, \cdots, n-1$），为了分析问题的方便，这里假定它们都是理性经济人，且并不存在合谋等恶意竞争行为。由此可以看到，该博弈模型属于动态博弈模型，进而需要运用 Stackelberg 模型加以分析，所以我们采用逆向归纳法来求该博弈模型的动态均衡解。

在金融机构间的动态博弈中，领先者 n 采取揽储策略的结果取决于其他 $n-1$ 个金融机构所采取的揽储策略，他们表现出来的揽储策略必然是越来越益于公众。譬如，领先者先提出提高存款利率（2012 年存款利率放开），那么下一阶段实行揽储策略的金融机构必然会提高服务或者进一步提高利率以吸引公众存款，且一旦挑起揽储大战，市场上的金融机构（本章指的金融机构均指存款性金融机构）必然是纷纷效仿，即为竞争性合作博弈，这里假定金融机

第五章　商业银行行为与"高货币之谜"：影响机理　111

构间的存款竞争均为良性竞争，不存在合谋等恶性竞争行为。如此看来，金融机构间的循环性揽储博弈将会进行下去，直至达到新的动态均衡。

假定率先发起揽储行动的领先者揽储所得为 A，那么随后的揽储行动追随者即竞争性合伙人 i（$i=1$，2，…，$n-1$）的揽储所得为 $(n-1)B$，那么社会上潜在的公众存款规模为 $D=A+(n-1)B$。假定领先者具有先发优势，之后追随的金融机构的揽储行动同步且揽储所得与揽储成本 C 均相等（忽略事后行动者的差异性）。在市场上只有一家金融机构时（基础模型），其经济目标可能并不是追求利润，更多的是执行一些社会职能，所以我们使用的是效用函数。而在金融市场化逐步展开时，越来越多的金融机构加入市场，此时金融机构的经营目标逐渐转化为利润目标。那么在这一节的拓展模型中，采用的是利润最大化来求均衡解。那么按照 Stackelberg 模型的建模思路，采用逆向归纳法来求解该博弈的子博弈精炼纳什均衡，首先是领先者行动，然后追随者在领先者的揽储所得给定的情况下最大化自己的利润。沿用基础模型的假设，假定金融机构吸收的存款可以全部贷出去，且吸收存款的边际成本不变。那么，揽储行动事后追随的金融机构利润函数为 $F(B)=B[r-tD-C]$，其中，s，$t>0$。随后参与揽储行动的 $n-1$ 家金融机构的利润最大化的一阶条件为 $\partial F/\partial B=r-tA-C-2Bt(n-1)$，随后 $n-1$ 个金融机构的最优揽储额度为 $B^{*}=(r-C)/nt-A/n$。

现在我们开始求率先发起揽储行动的领先者的最优存款总额。在该动态博弈中，率先发起行动的金融机构在进行决策时会考虑到随后 $n-1$ 家参与揽储行动的金融机构的行为，其利润函数为 $F(A, B^*) = A[r-t(A+(n-1)B^*-C]$，其中，$r$，$t>0$。

得到率先行动的金融机构的最优揽储金额为 $A^* = (r-C)/2t$。

通过联立方程，得到随后 $n-1$ 家参与揽储行动的金融机构的最优存款金额为 $B^* = (r-C)/2tn$，那么总揽储金额为 $D^* = A^* + (n-1)B^* = (2n-1)(r-C)/2tn$。利用上式对 n 求导，得到 $\partial D^*/\partial n = (r-C)/2tn^2 > 0$，由此可以得到以下命题：

命题5-3：随着金融机构数目 n 的增多，公众存款金额增大。

命题5-4：由于金融机构存款金额构成了广义货币供应量 M2 的重要组成部分，即 $M_2 = \alpha D$，可知随着金融机构存款总额的增多，M2 也将呈现增大的趋势。金融机构间的存款竞争在一定程度上促进了广义货币的增长。

第三节 资产负债表扩张影响货币供给

一 微观机理分析

在现代经济中，货币当局和商业银行共同完成了货币的供给过程。货币当局主要供应基础货币，而商业银行则在原始存款的基础上派生出存款，这一过程便创造出了货币。可以知道，商业银行是创造的主体，通过信用衍生创造出的货币作为资产投入经济活动，从而获取相应的资金回报。这其中包括外汇占款的变动（国外净资产变动）、财政投放（对政府债权变动）、银行投放非银（对其他金融

第五章 商业银行行为与"高货币之谜"：影响机理　113

部门债权变动）等。从图 5-2 可以看到，商业银行总资产规模与 M2/GDP 走势基本一致，而广义货币供给量同比与总资产同比高度一致（见图 5-3）。

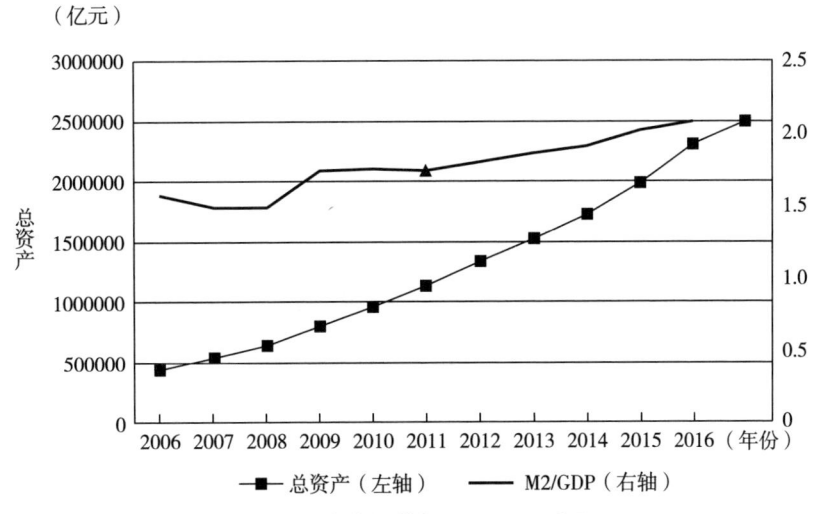

图 5-2　资产规模与 M2/GDP 水平

资料来源：国家统计局（http://www.stats.gov.cn）。

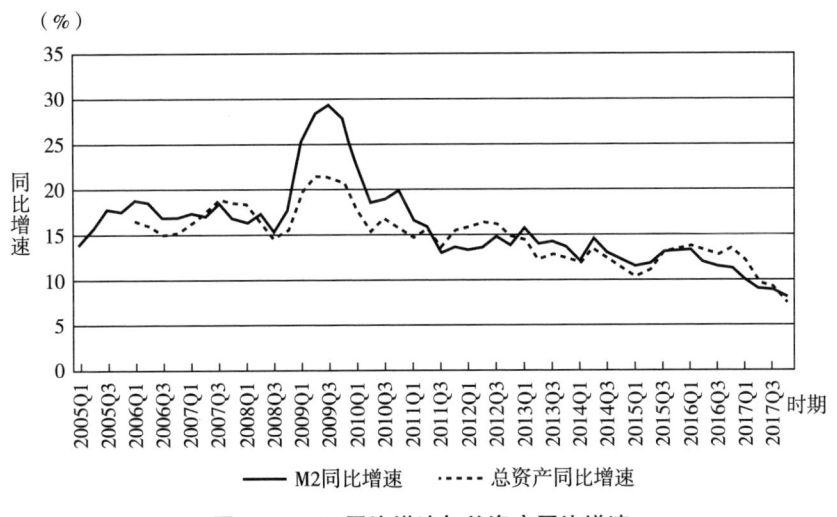

图 5-3　M2 同比增速与总资产同比增速

资料来源：国家统计局（http://www.stats.gov.cn）。

从我国商业银行的资产负债表来看，商业银行资产包括国外资产、准备金存款、中央银行债券、对政府债权、对其他存款性公司债权、对其他金融性公司债权、对非金融性公司债权以及对其他居民部门债权等（见表5-2）。我国商业银行的总资产规模已从2005年年末的374561.20亿元达到2017年年末的2497223.76亿元。其中，国外资产所占比重已经从2005年年末的4.81%下降至2017年年末的2.14%。对政府债权的比重则从2005年年末的6.66%上升到2017年年末的约10.26%。对其他存款性公司债权的比重从2005年年末的9.40%上升到2017年年末的11.85%。对其他居民部门债权的比重从2005年年末的5.82%上升到2017年年末的16.00%。对其他金融性公司债权的比重则从2005年年末的2.85%上升至2017年年末的11.24%。对非金融性公司债权的比重从2005年年末的49.15%下降至2017年年末的35.60%（见表5-2）。

表5-2　　　　我国商业银行资产负债表一览

项目	2005年年末		2017年年末	
	金额（亿元）	比例（%）	金额（亿元）	比例（%）
总资产	374561.20	100.00	2497223.76	100.00
国外资产	18015.20	4.81	53482.42	2.14
储备资产	39902.60	10.65	256108.1	10.26
对政府债权	24928.40	6.66	256108.11	10.26
中央银行债权	19824.80	5.29	0.00	0.00
对其他存款性公司债权	35192.90	9.40	296042.86	11.85

续表

项目	2005年年末 金额（亿元）	2005年年末 比例（%）	2017年年末 金额（亿元）	2017年年末 比例（%）
对其他金融性公司债权	10667.30	2.85	280616.80	11.24
对非金融性公司债权	184091.20	49.15	889011.43	35.60
对其他居民部门债权	21794.60	5.82	399669.14	16.00
其他资产	20144.30	5.38	104048.92	4.17
总负债	374561.20	100.00	2497223.76	100.00
对非金融机构及住户负债	282143.10	75.33	1531978.63	61.35
对中央银行负债	7807.50	2.08	105470.08	4.22
对其他存款性公司负债	12382.20	3.31	126116.07	5.05
对其他金融性公司负债	12536.80	3.35	168350.54	6.74
国外负债	4990.30	1.33	20479.05	0.82
债券发行	20378.80	5.44	225877.02	9.05
实收资本	10576.50	2.82	51828.47	2.08
其他负债	23746.00	6.34	267123.89	10.70

资料来源：中国人民银行（http://www.pbc.gov.cn）。

我国商业银行资产主要包括国外资产、储备资产、同业拆借（对其他存款性公司债权）、财政投放（对政府债权变动）、银行投放非银（对其他金融部门债权变动）、对其他居民债权变动（消费性支出，如房贷、车贷、信用卡）以及企业贷（对其他非金融性公司债权）等。商业银行资产负债表的结构性变动见图5-4。

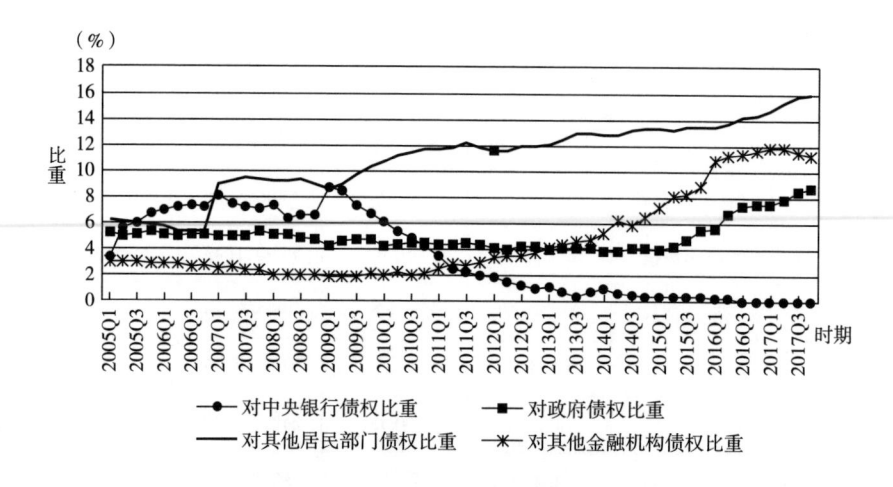

图 5-4　商业银行资产负债表结构性变动

资料来源：根据 Wind 数据库、中国国家统计局网站（http://data.stats.gov.cn）以及中国人民银行网站（http://www.pbc.gov.cn）数据整理所得。

开放经济体的货币供应主要来源于两大渠道：一是国际收支盈余，即外汇占款。我国实行强制结售汇制度，外汇需要通过商业银行进行买卖，源源不断的外汇收入增加了基础货币，并通过商业银行货币乘数的放大作用使得广义货币供应量 M2 持续不断地增加。二是国内商业银行系统的信用创造。与大部分西方发达国家不同的是，我国是以间接融资为绝对主导的国家，资金大部分是以银行为媒介进行融通的。近年来，虽然随着金融市场化进程的加快，直接融资的比例渐高，但是相对于间接融资而言所占比重依然很低。然而，商业银行本身是不产生货币的，存款是由贷款创造的，经济主体的货币需求增加使商业银行增加贷款，那么负债方就需要增加同样数量的银行存款，从而导致货币数量的增加。例如，商业银行的资产端同业规模的扩张，会在资金盈余的银行与资金短缺的银行间得到了融通，大大提高了银行资金配置和周转的效率，从而使整个商业银行体系的存款创造能力得到了提升，推高了广义货币供应量。据此，我们提出以下两个假说：

研究假说5-1：商业银行总资产规模的扩大会导致广义货币供给量增加。

研究假说5-2：商业银行资产结构性变动影响广义货币供给。

二 实证分析

商业银行的资产负债表结构随着经济环境的变化和货币政策的变化而不断调整。近年来，广义货币供应量M2增长速度虽然稳中有降，但总体趋势依然是上升的。近期，M2增长速度大幅下降，主要是金融"强监管""减通道""去杠杆"的结果，这个影响至今仍在持续。M2统计的是金融机构的负债方，衡量的是金融机构的负债，是金融体系对实体经济提供的流动性和购买力，反映了社会的总需求。而存款是由贷款创造的，通过对商业银行资产端的分析，可以发现存款性公司"对其他金融部门债权"这一项的缩减是M2增长速度下降的最大原因。

如表5-2所示，从2005年年末到2017年年末我国商业银行的总资产从约37.5万亿元上升到约250万亿元。其中，对政府债权从约2.5万亿元激增到约25.6万亿元，对其他金融性公司债权从约1.07亿元猛增到约28.1万亿元，对其他居民部门债权从约2.18亿元增至约40亿元。中央银行债权从约2万亿元降为0，对非金融性公司的债权（企业贷）占比一直居高不下，总资产占比维持在30%—50%。下面将通过实证分析探究商业银行资产负债表结构变动对广义货币供给的影响。

（一）模型的设定与变量定义

为了检验商业银行资产负债表结构性扩张对内生性货币供给 M2 的影响，分别构建如下模型：

$$\ln M2 = \beta_0 + \beta_1 \ln AS + \varepsilon, \quad \varepsilon \sim N(0, \sigma^2) \qquad (5-2)$$

$$\ln M2 = \beta_0 + \beta_1 fs + \beta_2 ss + \cdots + \beta_8 nfi + \varepsilon, \quad \varepsilon \sim N(0, \sigma^2) \quad (5-3)$$

其中，$\ln M2$ 是广义货币供应量的自然对数，为被解释变量。β_0 为常数项，解释变量包括总资产 $\ln AS$，fs，ss，cb，g，f，fi，ci，nfi。$\ln AS$ 为总资产的自然对数，fs，ss，cb，g，f，fi，ci，nfi 分别表示商业银行各资产指标占总资产的比重。β_i ($i=1, 2, \cdots, 8$) 表示影响程度。β_0，β_1，σ^2 为不依赖于 $\ln AS$ 的未知参数。ε 为随机扰动项，主要表示随机变量误差。

为了消除时间序列的异方差性，对各变量取自然对数。此外，由于本章的样本使用的是季度数据，容易受季节性因素的影响，因此首先对数据进行季节性的调整。

（二）样本数据的选取与来源

本章选取 2005 年 3 月至 2017 年 12 月商业银行资产负债表的相关数据以及广义货币供给量数据作为研究样本〔由于数据的可得性与样本量的限制，参考李治国与张晓蓉（2007）以及（2009）文章的思路，本章的样本选取 2005 年之后的季度数据〕，从商业银行资产负债表结构性扩张的角度对我国内生性货币供给的形成机理进行实证分析。为了避免样本数量不足而导致实验结果出现偏差，样本采用季度数据，最终得到 52 组样本数据。

本章使用的商业银行资产负债表以及广义货币供应量

方面的相关数据来源于 Wind 数据库、中国国家统计局网站（http：//data.stats.gov.cn）以及中国人民银行网站（http：//www.pbc.gov.cn）。本章使用的数据整理和数据分析软件主要包括 Excel2016 和 EViews7.0。

（三）变量的平稳性检验

我们知道，时间序列的回归分析是建立在时间序列平稳性的基本假定基础之上的，若序列不平稳，极有可能会导致伪回归的结果发生，使最终的实证分析结果失去经济学意义。因此，首先需要对时间序列进行平稳性检验，以确定是否服从一阶差分平稳的 I（1）过程。广义货币供给量以及商业银行各资产结构变量如国外资产所占比重、储备资产所占比重、对中央银行债权所占比重、对政府债权所占比重、对居民债权所占比重、对其他金融机构债权所占比重、同业资产所占比重等变量都有季节性特征，而季节性较强的变量之间可能存在伪相关关系，因此我们采用 X11 季节调整的方法对其进行调整。本章采用 ADF 方法对各变量进行单位根检验，结果如表 5-3 所示。

表 5-3　　　　　　　　　　ADF 检验

变量	检验形式 (I, T)	滞后期标准	ADF 统计量	临界值（5%显著水平）	P 值	平稳性
$\ln M2$	(1, 1)	SIC	0.67	-3.50	1.00	非平稳
$\ln M2$ 一阶差分	(1, 0)	SIC	-4.71	-2.92	0.00	平稳
$\ln AS$	(1, 1)	SIC	0.79	-3.50	1.00	非平稳
$\ln AS$ 一阶差分	(1, 0)	SIC	-2.92	-2.92	0.00	平稳
fs	(1, 1)	SIC	-1.07	-3.50	0.92	非平稳
fs 一阶差分	(1, 0)	SIC	-5.59	-2.92	0.00	平稳
ss	(1, 1)	SIC	-1.28	-3.50	0.88	非平稳

续表

变量	检验形式 (I, T)	滞后期标准	ADF统计量	临界值（5%显著水平）	P值	平稳性
ss 一阶差分	(1, 0)	SIC	-4.84	-2.92	0.00	平稳
cb	(1, 1)	SIC	-1.74	-3.50	0.72	非平稳
cb 一阶差分	(1, 0)	SIC	-6.78	-2.92	0.00	平稳
g	(1, 1)	SIC	0.58	-3.50	1.00	非平稳
g 一阶差分	(1, 0)	SIC	-3.34	-2.92	0.02	平稳
f	(1, 1)	SIC	-2.73	-3.50	0.23	非平稳
f 一阶差分	(1, 0)	SIC	-6.14	-2.92	0.00	平稳
fi	(1, 1)	SIC	-2.38	-3.51	0.39	非平稳
fi 一阶差分	(1, 1)	SIC	-3.43	-3.51	0.06	平稳
ci	(1, 1)	SIC	0.87	-3.50	1.00	非平稳
ci 一阶差分	(1, 0)	SIC	-3.10	-2.92	0.03	平稳
nfi	(1, 0)	SIC	-2.92	-2.92	0.05	非平稳
nfi 一阶差分	(1, 0)	SIC	-6.36	-2.92	0.00	平稳

注：检验形式中，I 表示截距项，I=1 则有截距项，I=0 则没有截距项；T 表示时间趋势，T=1 则有时间趋势，T=0 则没有时间趋势。

以 ADF 方法进行单位根检验的结果表明，各变量在 5%的显著下都存在单位根，而对各变量的一阶差分 ADF 检验显示所有变量均在 5%显著水平下拒绝了存在单位根的假设。因此，可以断定各变量均为一阶差分平稳的 I（1）过程。下面在单位根检验的基础上进行 Johansen 协整检验。在多变量协整关系分析中，Johansen 协整检验是最常用的方法。我们对两个模型分别进行协整关系检验，如果变量间存在协整关系，说明变量间存在相关关系，同时为 VECM 模型的估计打下基础。

表 5-4 列出了模型（5-2）的协整检验结果。由结果分析可知，对于 0 个协整关系的假设，迹统计量值为

27.27，大于5%水平的临界值20.26，且P值为0.00，因此拒绝该假设，认为至少存在0个协整关系。对于至多1个协整关系的假设，迹统计量值为2.42，小于5%水平的临界值9.16，则接受原假设，认为存在1个协整关系，即M2与总资产变量之间存在相关关系。协整检验表明，广义货币供给量M2与商业银行资产负债表中的总资产之间存在着一个长期的协整关系。模型（5-3）协整检验结果见表5-5。

表 5-4　　　　　　　　　协整检验结果

协整关系假设	迹统计量值	5%水平的临界值	P值
0个协整关系	27.27*	20.26	0.00
至多1个协整关系	2.42	9.16	0.69

注：*表示在5%的显著性水平上拒绝原假设。

表 5-5　　　　　　　　　协整检验结果

协整关系假设	迹统计量值	5%水平的临界值	P值
0个协整关系	311.46*	197.37	0.00
至多1个协整关系	221.34*	159.53	0.00
至多2个协整关系	160.50*	125.62	0.00
至多3个协整关系	111.59*	95.75	0.00
至多4个协整关系	72.95*	69.82	0.03
至多5个协整关系	41.30	47.86	0.18

注：*表示在5%的显著性水平上拒绝原假设。

表5-5列出了模型（5-2）的协整检验结果。由结果可知，对于4个协整关系的假设，迹统计量值为72.95，大于

5%水平的临界值69.82，且P值为0.03，因此拒绝该假设，认为至少存在5个协整关系。对于至多5个协整关系的假设，迹统计量值为41.30，小于5%水平的临界值47.86，则接受原假设，认为存在5个协整关系，即M2与各解释变量之间存在相关关系。协整检验表明，广义货币供给量M2与商业银行资产负债表中的各资产结构因素之间存在着一个长期的协整关系。

三 计量结果分析

商业银行资产负债表结构性扩张对广义货币供给过程的影响，可以通过商业银行资产负债表结构对货币供给的影响进行分析，构建的实证模型见式（5-4）和式（5-5）。商业银行资产结构指标包括：贷款占比、短期贷款占比、中长期贷款占比、证券投资占比、信托和其他贷款占比以及国际金融资产占比。选取的变量较多，且各变量之间可能还存在相互影响的关系，因此各变量可能存在多重共线性问题。因此，我们需要通过剔除相关变量，降低解释变量之间的相关程度。

本章采用两步法，首先通过最小二乘法探讨广义货币供给的长期均衡机制并获得误差修正项，然后通过误差修正模型分析广义货币供给的短期波动规律。从长期均衡来看，商业银行资产负债表结构性扩张会对广义货币供给产生显著影响。在实证分析过程中，为了避免多重共线性，需要在不同模型中分析各变量对广义货币供给所带来的影响。从长期均衡来看，商业银行的各项资产对货币供给的影响表现出较大差异。用普通最小二乘法得出广义货币供给量长期均衡机制的实证结果如下：

$\ln M2 = -0.0028 + 0.9865 \ln AS$

$R^2 = 0.7076$，Adj $R^2 = 0.7016$，RootMSE = 0.00811

(5-4)

$\ln M2 = 0.0365 + 0.0105ci + 0.0034nfi + 0.0008f + 0.0007fi + 0.0032cb - 0.0101ss - 0.0183g - 0.0331fs$

$R^2 = 0.4794$，Adj $R^2 = 0.3803$，RootMSE = 0.01169

(5-5)

通过普通最小二乘法得到商业银行资产负债表中的总资产 AS 对广义货币供给量 M2 影响系数为 0.9865，且在 1% 的显著水平下显著（p = 0.000）；从长期均衡来看，由于所使用的变量都是非稳定的 I（1）过程，通常估计出的系数服从 DF 分布而不是 t 分布，只有当 t 检验值大于 3 时，一般才可以认为是显著的。实证结果表明，对政府债权所占比重 g 对广义货币供给影响的系数为 -0.0183，且在 1% 的显著水平下显著（p = 0.019）。其他存款性公司债权所占比重 ci 对广义货币供给影响的系数为 0.0105，且在 1% 的显著水平下显著（p = 0.000）。也就是说，商业银行资产负债表中总资产的扩张、对政府债权所占比重以及对其他存款性公司所占比重（同业）均对广义货币供给变动产生了显著的影响，而其他的因素则不能很好地通过显著性检验。

前文我们已经验证了商业银行资产结构因素与广义货币供给量 M2 之间存在协整关系，因此，我们通过 VEC 误差修正模型分析广义货币供给量的短期波动规律。通过分析误差修正结果可以看到，模型（5-2）的误差修正项（VEC_{t-1}）通过了显著性水平检验（t 值 = 3.95 大于 3），说明误差修正机制可以消除非均衡误差，从而使其保持长期均衡。对广义货币供应量来说，其他滞后向量的影响不显著。模型（5-3）的误差修正项（VEC_{t-1}）也通过了显著性水平检验（t 值=3.14 大于 3），说明误差修正机制可以消除非均衡误差，从而使其保持长期均衡。对广义货币供应量来说，其他滞后向量的影响不显著。

第四节　本章小结

近年来，我国的货币化比率持续高速增长，从 1990 年的 0.81 一路上升到 2017 年的 2.03 左右。与此同时，广义货币供给量 M2 也由 1990 年的 15293.4 亿元上升到 2017 年年底的 1690235.3 亿元。在现代信用货币制度下，我国作为间接融资为主的国家，商业银行在货币创造过程中有无可替代的作用。根据中央银行关于广义货币的统计口径，通过测算可以看到广义货币的快速增长可以用广义货币中的准货币部分的高速增长来解释，而准货币的高速增长又可用公众的储蓄存款的增长来解释。基于此，我们试图通过一种理论分析工具——博弈论来部分解释广义货币量 M2 的增长，以便给中国的"高货币之谜"提出一种新的分析视角。可以看到，在金融市场逐步发展的情况下，金融机构间的存款竞争已经形成，如何有效监管金融机构的揽储行为、防止恶性竞争成为当务之急。另外，拓展公众的投资渠道，丰富金融商品结构，完善社会保障体系，或许可以部分解决广义货币 M2 的持续增长问题。

第五章 商业银行行为与"高货币之谜"：影响机理

本章基于商业银行资产负债表扩张的微观机理分析，并通过 Johansen 协整检验以及 VEC 误差修正模型的结果，可以得出以下结论：（1）商业银行总资产规模的扩张与广义货币供应量 M2 存在正的协整关系，即商业银行资产负债的扩张会导致广义货币供给量猛增。（2）商业银行资产结构性变动对广义货币供应量 M2 也有较为显著的影响。其中，商业银行国外资产所占比重、储备资产所占比重以及对政府债权所占比重与广义货币供应量 M2 存在负的协整关系，即商业银行在境外的投资、发行政府债券以及准备金会导致广义货币供应量 M2 被低估；而对非金融机构的债权（企业贷）所占比重与广义货币供应量存在正的协整关系，也就是说，对企业的贷款增多，会使广义货币供给量激增，从而削弱了货币政策的效果。（3）商业银行资产负债表结构对广义货币供给量 M2 的误差修正结果显著，可以消除短期均衡误差。

本章从新的视角考察了商业银行资产负债表结构变化对广义货币供应量的影响，正是商业银行资产负债表结构性的扩张导致了广义货币供应量的急剧增长，进而在一定程度上促进了 M2/GDP 的升高。其中，总资产规模、对政府债权所占比重以及对其他存款性公司所占比重（同业）均对广义货币供给变动产生了显著的影响。近几年，在"强监管"、"去杠杆"的约束下，虽然广义货币增长速度放缓，但仍然维持增长的趋势。高货币问题已经不再是单纯的货币现象，而是反映了实体经济与货币供给的失衡，大量的货币在银行体系通过信贷投放出去，却没有形成有效的产出。针对以上分析，本章提出以下建议：（1）完善我国的金融体制，引导直接融资模式的发展，拓宽经济主体的投融资渠道。(2) 加强商业银行资产负债业务的管理，提高商业银行资产端资金的利用效率，引导其将贷款尽量投放到实体经济活动中去，这样才能形成有效的产出，从而有效缓解 M2/GDP 过高的现状。

第六章　地方政府行为与"高货币之谜"：影响机理

近年来，我国的经济增长速度开始趋于放缓，对于采取怎样的货币政策促进经济增长，在学术界和政策界都引起了广泛关注。对此，学术界认为我国 M2/GDP 的攀升主要是货币需求和供给等方面原因导致的。学者基于经济货币化理论、经济虚拟化理论、金融资产结构单一化理论、银行不良资产理论、金融风险、金融发展和深化等理论进行研究（汪洋，2007；李建，2007；徐长生等，2016），且大多数文献都是基于宏观层面的分析，较少文献从区域层面分析"高货币之谜"。针对这一问题，本书认为应当回到货币政策的有效性上。本章通过分析地方政府竞争性行为导致信贷资源错配这一传导路径，为解开"高货币之谜"提供一个新的分析视角。

第一节　引言

党的十九大报告指出，世界面临的不稳定性突出，世界经济增长动能不足。现阶段，中国不仅面临着世界主要经济体贸易摩擦前景不明朗、国际资本市场巨幅波动以及周边地缘政治问题等传统不确定性的影响（Huang et al.，2018；许志伟和王文甫，2018；王博等，2019），也受新冠肺炎疫情在全球持续蔓延等因素影响。2019年第二季度发布的《中国货币政策执行报告》指出，当前内外部不确定不稳定因素有所增加，经济仍存在下行压力。据统计，2020年第一季度全国经济增长速度同比下降高达6.8%，经济面临较大下行压力。货币政策作为宏观调控的重要手段，在维持稳增长目标方面发挥重要的作用，适度宽松的货币政策会带来经济增长速度的提升，也会造成通货膨胀的风险，而通货膨胀会导致财产和收入的不平等问题（Meh，Terajima，2011；李实等，2005）。为落实做好"六保""六稳"的各项工作，国内相继推行定向降准、减税降费和启动新基建等在内的一系列调控政策，使我国宏观经济政策不确定性显著增加。为此，中央银行采取了一系列宽松型货币政策。在当前国际国内的形势下，经济双循环已然形成，习近平同志指出推动以国内循环为主、国内国际双循环相互促进的新发展格局，促进经济平稳增长是当前的迫切需求。然而，近年来我国经济增长速度开始趋于放缓，对于采取怎样的货币政策以促进经济增长，在学术界和政策界都引起了广泛关注。通过梳理文献和分析，本书认为针对这一问题的回答应当回到对货币政策的有效性上。在国际金融危机以后，中国经济进入一个高货币、低增长并存的阶段，广义货币供应量（M2）的增长速度保持在13%以上，特别是在2009年，M2的增长速度高达29%。从历史阶段来看，我国的M2增长速度维持在较高的水平，但是2008年国际金融危机以后，与之前M2高速增长不同的是，伴随着货币增发的高速，我国的GDP增长速度却在持续地下降（见图6-1）。货币增发、经济下滑直接的表现就是货币化率的比重不断地攀升，从2008年前的1.5一路攀升到2018年的2.03左右。国际经验表明，一国经济发展水平的提高，通常伴随着广义货币量的增加，这意味着货币化率的提高可能是经济发展水平提高的结果。然而，我们发现我国货币化率的攀升并不能完全以经济发展水平来解释。因为从国际比较看，我国的货币化率比值不仅远高于处在同一发展水平的国家，而且也远高于大多数西方发达国家。

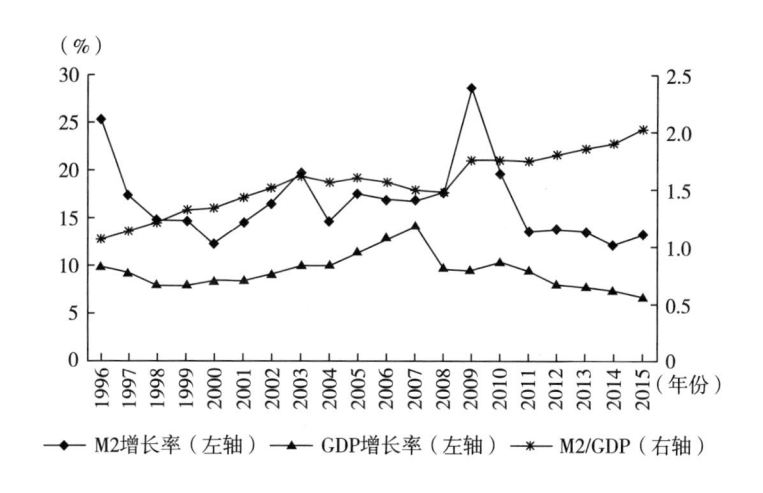

图6-1 货币化率与GDP增长率

资料来源：国家统计局（http://www.stats.gov.cn）。

对此，学术界认为我国货币化率的攀升主要是由于货币的需求和供给等方面的原因导致的，但是较多的文献集中在解释2008年以前的情况。这一时期虽然货币化率的比重在上升，但是 GDP 的增长速度也较高，因此整体比值较为稳定。仅有较少文献注意到 2008 年国际金融危机以后，我国高货币与低增长并存的问题。另外一个不容忽视的现象是我国的信贷规模和投资效率已经出现了严重的背离，这意味着货币增发并没有带来有效的经济增长（见图 6-2），这一逻辑表明货币化率指标在 2008 年以后的攀升更多地意味着经济配置资源效率的恶化。中国宏观投资的产出效率从 1996 年的 0.1 上升到 2015 年的 0.9，这意味着投资在拉动经济增长中的成本变得越来越高，资本的边际回报在下降。

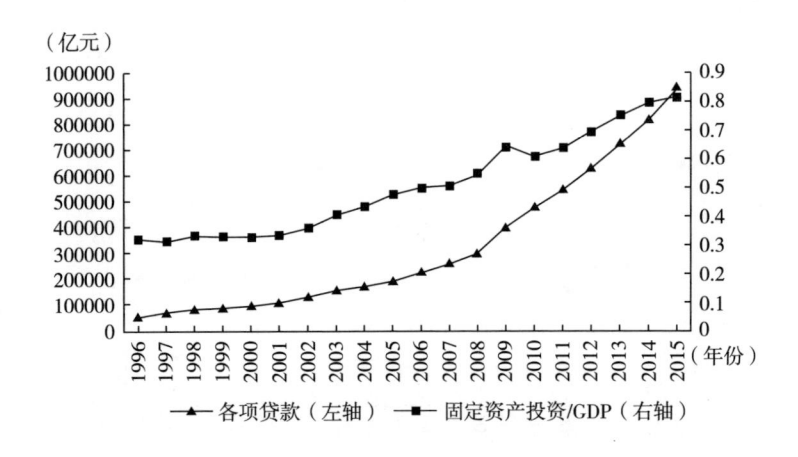

图 6-2 信贷额度与投资/产出比

资料来源：国家统计局（http://www.stats.gov.cn）。

众所周知，地方政府在地方信贷投放和投资模式方面起着至关重要的作用，信贷资源成为地方政府间努力争取的对象（何贤杰等，2008）。改革开放 40 多年的经验表明，有效的政治激励有利于调动地方官员发展经济的积极性，弥补市场失灵和提高经济效率。本章以当前"锦标赛"晋升机制为分析视角，通过数理模型和实证论证发现在这样的晋升机制下，地方政府通过干预信贷投放会导致货币化率一定程度上被推高。模型从理论上解释了在面对经济冲击时，当前的晋升体制如何扭曲地方政府的行为，导致货币政策失效，并通过城市面板数据实证验证了这一假说。本章认为，正是以 GDP 为考核指标的晋升机制，导致地方政府有了干预经济的动机；而地方政府干预的加强使实施宽松型货币政策时资金配置倾向于政府扶植的产业部门，但是相关扶持部门的投资和生产效率问题，引发信贷资金错配问题，导致货币化率比重过高。当前的金融市场存在对地方政府、国有企业以及房地产等的偏好，而地方政府又倾向于投资基础设施建设，基础设施、国有企业以及房地产投资都存在投资效率低、投资回报少的问题。这意味着在现有政治晋升体制下，政府干预能力越强，越可能导致货币政策有效性下降。图 6-3 展示了政府干预和货币化率比重之间的关系，从中可以看出，政府干预水平越高，货币化率的水平也越高。在金融市场存在上述信贷偏好的条件下，增加货币供给引发的信贷扩张，有可能进一步恶化信贷资源配置的效率，从而导致经济增长率的持续下滑。本章的理论分析和实证结果表明，在现有的政治激励改革体制下，任何倾向于实施宽松型货币政策以提振经济增长速度的手段都需要审慎对待。

  本章以地方政府晋升机制为分析视角，构建包含异质性企业或产业、地方政府和中央部门的三阶段动态数理模型，从理论上解释了在面对经济冲击时，当前的晋升体制如何扭曲了地方政府的行为，导致货币政策失效，并通过城市面板数据实证验证了这一假说。

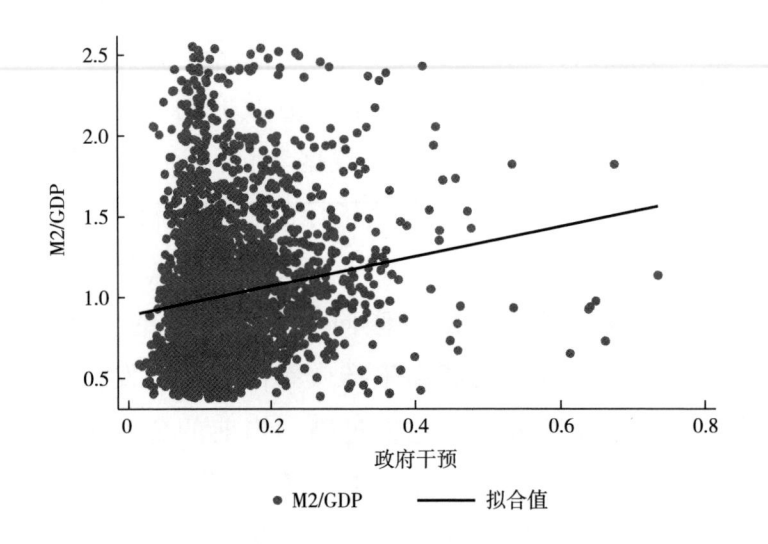

图 6-3　政府干预与 M2/GDP 水平

资料来源：根据国家统计局和世界银行数据绘制所得。

本章与三类文献密切相关。第一类文献是研究中国货币化率比重过高的文献。既有的文献从需求和供给侧进行了考察。例如，徐长生和马克（2015）认为，我国货币化率的上升主要是由准货币快速上升造成的，居民资产性货币需求的上升是造成这一现象的基本原因。金融抑制从融资约束和投资限制两个渠道加强了经济主体对资产性货币需求的偏好。不断上升的储蓄率提升了我国经济主体的资产规模。李健（2007）认为，货币结构的变化，即执行资产职能的准货币成为主体，是货币总量高速增长的重要原因。李斌和伍戈等（2012）较为全面地分析了货币化率的上涨原因，认为对银行融资和储蓄率依赖较高时，货币/GDP 的比重就会较高，即从融资结构—储蓄率框架分析了货币化率的变化。范从来等（2015）从实体经济的发展出发，研究产业结构与货币化率的关系。汪洋（2007）较为全面地综述了各方货币化率的研究，是理解 2008 年以前货币/经济的较好视角，将学者观点分为货币化理论、经济虚拟化理论、金融资产结构单一化理论、银行不良资产理论、金融风险、金融发展和深化等视角进行了综述。

第二类相关文献是投资效率和政府行为问题。过往的研究将地方政府之间存在竞争归因于中国财政制度和"锦标赛"晋升机制的安排，正是这一制度加强了地方政府之间为 GDP 指标而竞争（朱浩、傅强等，2015；曹春方、马连福等，2014），而地方政府往往会加大基础设施建设支出而减少民生性支出（傅勇、张晏，2007）。对于投资效率的持续恶化，有学者从资本产出回报等方面考察，发现中国的投资回报率在下降（张军，2002；刘宗明，2013；白重恩、张琼，2014）。

第三类文献与信贷错配有关。Pan 等（2016）从信贷错配的视角研究了中国货币化率高企的原因。文章利用省级数据验证了信贷资源在国有企业和非国有企业之间的错配导致了信贷资源的无效，产生了区域性的流动性过剩，这一信贷错配的趋势在 2008 年"四万亿"刺激推出后加强了。饶品贵和姜国华（2013）利用上市公司 1998—2008 年的数据研究了货币政策紧缩期信贷资源配置及其经济后果，发现货币政策紧缩期信贷资金的边际增加将导致企业业绩下一年度有更好的表现和更高的增长。同时，这种关系主要体现在非国有企业上，表现为非国有企业整体的经济效益更好却没有获得足够的信贷资金。刘小玄和周晓艳（2011）从微观层面考察了工业企业的信贷资源配置情况。研究发现，在同等规模下，非国有企业的融资成本和利率弹性均显著高于国有企业，融资资源的配置与企业利润的相关性很弱，甚至经常负相关，表明信贷资源的配置效率很低。战明华（2015）研究了银行信贷渠道下信贷资源在产业间配置的机理，得出银行信贷渠道的强化对产业结构升级具有结构性错配效应，而紧缩型货币政策则显著地放大了这一效应。企业的国有属性强化了银行信贷渠道的信贷资源错配效应，经济中国有比重的提高，对于货币政策银行信贷渠道的信贷资源错配具有显著的强化作用。钟宁桦（2016）等研究了我国国有企业债务的结构性问题，得出 2003—2013 年整体表现为"去杠杆化"的过程。但是 2008 年以后大的国有、上市公司的债务却在上升，资金配置对于国有企业的倾向性越来越强。刘瑞明（2013）较为全面地综述了国有企业的效率问题。许召元和张文魁（2015）研究发现国企改革可以通过提高资本边际产出、改善资本动态配置效率、促进 TFP 增长和发挥对其他企业的外部溢出效应等途径提振经济增长速度。由以上可以看到，诸多文献研究了资源错配对于经济增长的影响（张建华、邹凤明，2015）。

地方政府干预会损害信贷市场配置已达成共识（陈雨露、马勇，2010；王钰等，2015）。与既有文献的研究不同之处在于，本章将信贷资源的错配置于中央部门和地方政府关系的政治框架，引入官员晋升机制，认为当前的 GDP

"锦标赛"晋升机制的政治激励模式，使地方政府有了干预信贷配置的动机，造成了信贷资源倾向国有企业、房地产的经济模式，这一模式导致信贷资源的配置扭曲，降低了信贷资金的配置效率，进而导致我国的货币化率比值畸高问题。本章通过2003—2013年的城市面板数据实证验证了这一假说。本章分别从理论和实证中解释了货币化率走高的原因，认为当前货币的沉淀是因为信贷资源在政府竞争中的错误配置导致的。简言之，当地方政府面对经济下滑时，信贷资源更容易倾向于房地产投资和国有企业，而由于国有企业自身的生产效率和投资过度的问题，最终造成了信贷资源的误配，从而导致经济增长率的进一步下滑。本章的研究为重塑中央和地方的关系提供了重要的启示。

本章接下来的结构安排如下：第二节是理论模型的构建；第三节是实证研究设计，包括计量模型、关键指标的构建和数据选取的说明以及实证结果的分析；第四节是本章总结并提出相应的政策建议。

第二节 数理模型

一 地方政府土地出让行为与高货币化成因

货币从本质上讲既是国家的债务凭证，也是财政赤字的票据表现。因此，近年来的货币高增长速度现象一定程度上也要归因于财政政策的扩张，具体表现为地方政府竞争性土地出让行为的加剧，形成了"土地出让金增长—财政收入增长—政府投资高增长—银行信贷高增长"的链式反应，导致更多的货币被创造出来。我国自分税制改革以来，地方政府在财政方面的开支变得灵活和便利，一定程度上提升了政府财政激励，使各地方政府展开了激烈的财政竞争；另外，中央晋升"锦标赛"考核制度一定程度上加剧了这一竞争（周黎安，2007；王文建、覃成林，2007）。当前，我国的经济发展已经进入了新常态阶段，地方的公共财政收支已由过去的两位数增长进入了个位数增长，如何寻找新的财政收入增长点便成为地方政府面临的一道难题。而在现有的体制下，土地归地方政府掌控，那么土地财政便是地方政府获取财政收入的重要途径。然而，地方政府如果过度依赖土地财政必然会产生一系列负面效应。譬如，郭珂（2013）就曾指出地方政府过度依赖土地财政与财政缺口推高了房价。齐红倩和席旭文等（2016）指出在城镇化进程中，土地财政是地方政府追求政绩过程中能够诱发腐败的重要因素。贾康和刘薇（2012）认为，地方政府过度依赖土地出让会造成房价升高、公共服务供应缺乏以及土地资源配置扭曲等问题。李祺（2015）也认为，地方政府对土地财政的依赖以及追求本级财政利益的最大化，会导致城市空间无序扩张、地方政府债务风险加大等一系列问题。通过梳理文献我们发现，在地方政府土地财政和"高货币之谜"的研究方面都有了较为丰富的研究成果，而有关土地财政和"高货币之谜"关系方面的文献研究相对较少。张锐（2013）认为，地方政府庞大的土地出让收入推动了银行信贷的高增长，使更多的货币被创造出来。Liu（2015）通过构造土地出让与货币供给的实证模型，发现土地供应对广义货币供应的增长影响显著，甚至超过了外汇储备，却没有规范性地阐明土地供应背后的机理。事实上正是地方政府的竞争机制导致了土地的过度供应。基于此，本章通过构建包含地方政府和企业的动态数理模型，以地方政府的晋升激励与土地财政的依赖来解释"高货币之谜"。我们认为地方政府在"锦标赛"晋升机制下，对于土地财政的依赖导致信贷投放量增大，一定程度上促进了M2/GDP的升高。

假设某经济系统有三个经济主体：地方政府 A、地方政府 B、企业或开发商 F。在晋升机制的压力下，地方政府的核心目标就是促进本地区的经济增长，主要的手段是通过出让土地以及银行贷款的方式获取收入进行投资。企业或者开发商 F 依据各地区的基础设施投资状况和土地出让状况综合决定具体在哪个地区进行投资。假设地方政府拥有足够多的土地，即土地供给的弹性无穷大，土地将通过招标挂的形式出让。下面我们将通过构建数理模型来论证地区竞争下的土地财政是如何导致广义货币激增的，本节模型分为三个阶段：第一阶段，地方政府 A 出让土地以吸引企业投资或者开发；第二阶段，地方政府 B 在观察到地方政府 A 的土地出让行为后也采取跟随手段；第三阶段，企业或者开发商 B 根据地方政府 A 和地方政府 B 的土地出让行为作出是否投资的决策。可以看到，该模型服从主从决策，即两个地方政府间的决策构成了序贯理性的 Stackelberg 博弈。下面采用逆向归纳法求解该博弈的均衡解。

首先，假设企业或开发商 F 分别根据地区 A 和 B 的土地出让程度以及基础设施建设程度进行投资。由于土地分农业用地和工业用地，而国家要求农业用地一般不能进行拍卖，所以招标挂形式出让的主要是商业性用地。假设企业 F 在两地的生产函数为 $Y_i = f(I_i, L_i, K_i) = I_i^\alpha L_i^\beta K_i^\gamma$，$i = A, B$，其中 $\alpha, \beta, \gamma > 0$ 代表基础设施、土地以及资本投入要素的贡献度，假定两地区各生产要素的贡献度相同。I_i 为两地区的基础设施建设的投资情况，因为基础设施建设直接决定着当地的投资环境以及未来的发展（范剑勇，2014）。L_i 为地方政府的土地出让面积，即企业的土地投入要素。K_i 代表企业的资本投入，假定企业的资本投入主要靠银行的信贷支持 M_i。既有文献已经表明，银行的信贷投放量与企业的资本投入存在正相关关系，这里我们不妨假定 $M_i = \varphi K_i + \phi$，$\varphi, \phi > 0$。假设企业可以通过银行信贷获得足够多的资本，且企业在两地区的资本投入额度 K_i 与地方政府出让的土地面积 L_i 成正比，即 $L_i = \omega K_i$，$\omega > 0$。企业的成本包括资本投入和土地租金，那么企业在两地区的利润函数可以表示为：$\pi_i = Y_i - K_i - \mu_i L_i$，$i = A, B$。其中，$\mu_i$ 表示地方政府的协议土地出让价格。企业或开发商通过选择最优用地需求量、信贷支持以及基础设施投资以追求利润函数的最大化。根据利润方程一阶条件，得到企业或开发商 F 的最优土地需求量为 $L_i = [(1+\mu_i\omega)/(\beta+\gamma)I_i^\alpha]^{1/(\beta+\gamma-1)}$，$\beta+\gamma < 1$，最优信贷需求为 $K_i = [(1+\mu_i\omega)/(\beta+\gamma)I_i^\alpha\omega^\beta]^{1/(\beta+\gamma-1)}$。据此可以得到以下命题：

命题 6-1：企业的最优土地需求量和信贷需求与地方政府的协议土地出让价格、基础设施建设、资本投入以及土地投入均有关。其中，企业的最优土地需求量随地方政府协议出让价格的增高而变小，随地方基础设施建设投资的增高而增大，随资本投入的增大而增大。其中，企业的最优信贷需求随地方政府协议出让价格的增高而变小，随地方基础设施建设投资的增高而增大，随土地投入的增大而增大。

其次，假设在中央制定的 GDP"锦标赛"晋升机制以及地方财政压力的预算约束下，地方政府的效用目标为当地 GDP 的增长情况以及土地出让程度。这里我们假设地方政府为非中性政府，其基础设施建设以及各项支出主要靠土地出让和银行的信贷支持，其目标函数为政治晋升的效用 U_{1i} 和土地出让的效用 U_{2i} 的加总，地方政府选择适当的土地出让力度以及基础设施建设程度，以最大化自身的总效用。假定地方政府的效用函数为 $U=U_{1i}+\lambda U_{2i}$（$i=A$，B，$0<\lambda<1$），其中 λ 代表地方政府对土地财政的重视程度。假设政府不存在税收收入，财政收入全部来源于土地出让收入（岳树民，2016）。考虑到当前中央对地方的考核机制，地方政府晋升的效用以地区总产出为标准进行考量，假定地方政府晋升的规则为：若地区的经济业绩超过地区 i，那么官员 i 将得到晋升，获得 V 的效用，而官员 j 不被提拔，获得效用 $v_i \stackrel{\Delta}{=} y_i (V>v)$（周黎安，2004）。假定地方政府官员获得晋升的概率为 p，那么地方政府官员晋升的效用函数可以表示为 $U_{1i}=p(y_i>y_j)V+p(y_i<y_j)v$。地区 i 的经济业绩主要以地方政府招商引资即地区内企业总产出为标准，而地区的基础设施建设直接决定着企业投资或者说产出。那么，这里我们不妨假定地方政府官员获得晋升后的经济业绩表现形式为：$V_i=v_i+\theta I_i$，其中 θ 表示地方政府 i 的基础设施建设方面的投资对本地区经济增长产生的边际影响。此外，不失一般性地假设地方政府 i 的土地出让收入为

$R_i \stackrel{\Delta}{=} r_i L_i$，其中 r_i 表示地方政府 i 单位土地出让的价格。那么地方政府通过出让土地获得的效用函数形式为 $U_{2i} = R_i = r_i L_i$。据此可以得到地方政府总的效用函数形式为 $U_i = p(I_i^\alpha L_i^\beta K_i^\gamma + \theta I_i) + (1-p) I_i^\alpha L_i^\beta K_i^\gamma + \lambda r_i L_i$。求解地方政府效用函数最大化，得到 $\partial U_i/\partial p > 0$，$\partial U_i/\partial L_i > 0$，$\partial U_i/\partial r_i > 0$，$\partial U_i/\partial \lambda > 0$，$\partial U_i/\partial I_i > 0$。据此可以得到以下命题：

命题6-2：在晋升机制以及地区间压力的背景下，地方政府的效用与晋升概率、土地出让程度、土地出让价格、土地出让的重视程度以及基础设施建设有关。且地方政府的效用均随着晋升效率、土地出让程度、土地出让价格、土地出让重视程度以及基础设施建设的增大而增大。

由 $M_2/GDP = (\phi L_i + \varphi)/(\omega^{1-\gamma} I_i^\alpha L_i^{\beta+\gamma})$ 可得，该比值随着地方政府土地出让程度的增大而增大。而在分析地方政府行为的数理模型中，可以看到为了增加晋升的概率，地方政府倾向于大量地出让土地。由此可知，由晋升机制引发的地区间竞争加剧了地方政府的土地出让程度，从而进一步推高 M_2/GDP。

二 "锦标赛"机制助推高货币的机理分析

改革开放至今，伴随中国经济市场化程度的不断加深，衡量经济货币化水平的重要指标 M2/GDP 不断冲高，已远远高于欧美发达国家以及其他转型国家。尤其是国际金融危机以后，中国的 M2/GDP 快速提高，没有出现较大的通货膨胀，但经济增长率出现不断下滑的趋势。中央银行不断加大货币政策宽松力度，也加大了中国经济的通货膨胀风险和人民币贬值的压力。由此，中国经济出现了高货币、低增长的局面，如何理解这种局面和解释 M2/GDP 这一比率问题,就成为理解当前中国经济的关键,也就是说,当前宽松型货币政策并没有带来有效的经济增长,表明投资效率出现了问题。基于此,我们认为在中国较为特殊的财政分权和行政集权的体制下,中央政府和地方政府的关系发生了较为深刻的变化,尤其是以经济增长为导向的晋升"锦标赛"机制使地方政府有了干预经济的动机。为了突出业绩以便得到晋升,地方政府将过多的资源配置到效率低的行业或企业中,突出表现在基建、房地产以及国企中,而这些资源配置主体却是预算软约束较为严重的部门,进一步恶化了高信贷、低增长的局面(中国金融论坛课题组,2017)。从某种意义上说,正是中央和地方特殊的关系体制导致了信贷资源配置的扭曲,一定程度上引发了 M2/GDP 畸高的问题。鉴于此,本章构建包括异质性企业或产业、地方政府和中央三者的三阶段动态数理模型,系统阐述在中央以经济增长为晋升机制的体制下,地方政府为增长而竞争的行为如何恶化信贷资源配置效率,从而导致了经济货币化水平 M2/GDP 的升高。我们将中央、地方和异质性企业之间的互动过程划分为三个阶段:第一阶段,中央政府 L 发出宽松型还是紧缩型货币政策的信号;第二阶段,地方政府 G 选择将信贷投放给 A 类企业 S 或 B 类企业 P。假定地方政府基于保就业和促发展的角度,而且有中央的隐性担保,倾向于贷款给 A 类企业,此时 B 类企业受到贷款歧视;第三阶段,A 类企业 S 和 B 类企业 P 根据地方政府配给的信贷额度进行生产。下面我们阐述模型的构建过程。

关于模型假定。首先假定要素市场完全出清,总信贷

投放量 $M_p+M_s=M$。模型对信贷总规模 M 不变和增大的情形分别进行探讨，以更好地论证信贷错配导致宽松型货币政策的失效。企业的生产函数服从 C-D 函数：$Y_i \stackrel{\Delta}{=} A_i K_i$，$i=P$，$S$。既有文献已经表明，银行的信贷投放量与企业的资本投入存在正相关关系，这里我们不妨假定 $M_i=\alpha K_i+\beta$，α，$\beta>0$。B 类企业 P 的额外融资成本比 A 类企业 S 高，假定企业的融资成本为二次型函数：$C_i \stackrel{\Delta}{=} b_i K_i^2/2$，$i=P$，$S$。其中，$b_i$ 代表企业的融资成本系数，其值越小代表融资成本越低，融资能力越强，那么不失一般性地认为 $b_P>b_S$。K_i 为企业的资本投入。由于本章研究信贷资源配置效率问题，而信贷效率在一定程度上也属于全要素效率 A，所以不失一般性地假定企业的效率参数 $A=A_0 D_i$，$D_P>D_S$，其中 D_i 为企业信贷使用的效率参数。假定市场均衡利率为 r，企业除了支付标准利率，还需支付一定的额外成本，即额外融资成本 C_i。已知地方政府偏好于将信贷资源配置到国有企业、基础设施建设以及房地产中，这里为了数理模型的分析简化，将地方政府偏好的企业或产业统称为 A 类企业，不受地方政府偏爱的企业或产业记为 B 类企业。在实证部分我们将分别对国有企业、基础设施建设以及房地产的配置进行机制分析。

关于模型构建。假定经济系统中存在中央、地方政府以及企业三类行为主体，其中企业由 L 家 A 类企业和 N 家 B 类企业构成。接下来我们将通过分析各经济主体的策略行为来解读政府干预下的信贷偏好是如何导致信贷资源错配，进而引发 M2/GDP 畸高问题的。首先，由于我国直接融资体系尚不完善，企业的资金主要来源于银行贷款，因此银行贷款是 A 类企业投资决策的一个重要影响因素。企业的生产函数可表达为：$Y_i = A_0 D_i K_i$，$i = P$，S。其中，Y_i 表示产出，K_i 表示企业的资本投入。为了简化分析，我们假设生产函数对于资本和劳动投入满足不变规模报酬，在要素市场完全竞争的假设下，企业或厂商通过选择最优信贷支持以追求利润函数最大化：$\pi_i = A_0 D_i K_i - r K_i - C_i$。根据一阶条件，求得企业的最优信贷需求为 $K_i = (A_0 D_i - r)/b_i$，且 $\partial K_i/\partial D_i > 0$，$\partial K_i/\partial r < 0$，$\partial K_i/\partial b_i < 0$。可以看到，企业的信贷需求随信贷利用效率的升高而增大，随市场利率的提高而降低，随融资成本的上升而下降。结合模型假设部分以及企业的利润函数形式，两类企业利润函数为 $\pi_S = A_0 D_S K_S - r K_S - b_S K_S^2/2$，$\pi_P = A_0 D_P K_P - r K_P - b_P K_P^2/2$。下面分不同情形来讨论政府干预下的信贷资源错配导致货币政策失效以及 M2/GDP 畸高的现象。

首先考虑第一种情形。信贷总规模一定，存在信贷偏好。在地方政府存在信贷偏好的情况下，A 类企业因肩负着就业等部分政策性负担，因此信贷资金量将向 A 类企业倾斜，表现为 $b'_S < b'_P$，$K'_S > K'_P$。在我国经济转型过程中，政府干预信贷资金配置很普遍，由此对经济发展产生了较为深远的影响。由于银行的国有背景，地方政府可以直接干预银行的信贷决策，使得大量资金流入效率较低的 A 类企业，由此造成了 B 类企业"融资难、融资贵"状况。鉴于 $K_P + K_S = (M - 2\beta)/\alpha$，这里我们不妨假定在地方政府存在信贷偏好的情形下，A 类企业和 B 类企业的信贷资金满足 $K'_P = K_S + \Delta K$，$K'_P = K_P - \Delta K$，$\Delta K \leq K_P$。此时 B 类企业的利润损失为：$\pi_P - \pi'_P = b_P \Delta K^2/2 + (A_0 D_P - r - b_P K_P) \Delta K$。其中，

$\partial(\pi_P-\pi_P')/\partial\Delta K = b_P\Delta K+A_0D_P-r-b_PK_P = b_P\Delta K+\partial\pi_P/\partial K_P > 0$。$\Delta K=0$ 时表示地方政府不存在信贷偏好时的情形，此时 B 类企业的利润损失为 0。通过以上分析可以看出，随着 A 类企业和 B 类企业所贷资金的差异 ΔK 增大，B 类企业的利润损失越来越严重，同理可得 A 类企业的利润函数变动形式为 $\pi_S-\pi_S' = b_S\Delta K^2/2+(r+b_SK_S-A_0D_S)\Delta K$，企业利润变动函数的一阶条件为 $\partial(\pi_S-\pi_S')/\partial\Delta K = b_S\Delta K+r+b_SK_S-A_0D_S = b_S\Delta K-\partial\pi_S/\partial K_S$，$\partial\pi_S/\partial K_S \stackrel{\Delta}{=} \eta$。鉴于对于资本和劳动投入满足不变规模报酬的假定，那么在其他条件不变的情况下，随着信贷资金量的增加，A 类企业的利润呈增加趋势，即 $\eta>0$。据此，根据上式可以看出，当 $\Delta K<\eta$ 时，随着信贷歧视程度的加深，A 类企业的利润损失降低；而当 $\Delta K\geqslant\eta$ 时，随着信贷歧视程度的加深，A 类企业的利润损失逐渐增大。

现在考虑第二种情形。信贷总规模 M 变大，存在信贷偏好。随着信贷总规模 M 的增大，加之存在信贷偏好，情形 2 中的 ΔK 将会变得更大。这里为了凸显信贷规模变大对信贷错配的加剧效应，不妨假定 A 类企业的信贷资金量已经超过 η/b_S。可以想见，此后 B 类企业的利润损失将会更大；而 A 类企业因其效率低下损失也将越来越严重，从而导致信贷错配效应加剧。由此，我们得到以下命题：

命题 6-3：在信贷总规模一定时，随着信贷歧视程度的加重，B 类企业的利润损失越来越严重。而 A 类企业因融资成本低，在信贷资金量增长到 η/b_S 之前，其利润损失将会随信贷歧视的程度加深而降低；但是一旦达到 η/b_S，如果继续增加资金量，因其信贷效率低，A 类企业的利润损失会越来越大。

其次，假设地方政府在中央制定的 GDP "锦标赛"晋升机制的约束下，考核目标为当地 GDP 的增长情况。在上述中央政府考核目标的引导之下，地方政府形成了自己的目标函数。这里我们假设地方政府为非中性政府，并且出于追求经济增长与中央的隐性担保机制的考虑，偏向于贷款给 A 类企业，其总效用包括 A 类企业和 B 类企业产值的加总。地方政府选择适当的信贷支持力度，以最大化自身的总效用。假定地方政府的效用函数为：$\sigma Y_S + (1-\sigma) Y_P$，$1/2 < \sigma < 1$。其中，$Y_P$ 为 B 类企业的产值，Y_S 为 A 类企业的产值，σ 反映地方政府由于追求就业和经济对 A 类企业的偏好程度，σ 越大说明地方政府对 A 类企业偏好程度越高。结合 A 类企业与 B 类企业的产出函数，得到地方政府的效用函数具体表现为 $U_G = \sigma A_0 D_S K_S + (1-\sigma) A_0 D_P K_P$。由于地方政府对 A 类企业的偏好表现为对 A 类企业的信贷规模增大以及融资成本降低的双重倾向，这里我们不妨假定初始状态时 A 类企业和 B 类企业的信贷资金量与融资成本系数分别为 K_{S0}，K_{P0}，b_{S0}，b_{p0}，其中 $K_{S0} + K_{P0} = K$。设定地方政府进行信贷干预后资本投入形式表现为 $K_S = K_{S0} + \sigma k$，$K_P = K_{P0} - \sigma k$，$b_S = \sigma b_{S0}$，$b_P = b_{p0}/\sigma$。其中，k 为在地方政府干预下改变的信贷量系数。由此，地方政府效用函数形式变为 $U_G = A_0 k (D_S + D_P) \sigma^2 + A_0 (D_S K_{S0} - D_P K_{P0} - D_P k) \sigma + A_0 D_P K_{P0}$。通过效用函数对偏好 σ 一阶求导，得到地方政府对 A 类企业的最优偏好程度为 $\sigma = (D_P K_{P0} + D_P k - D_S K_{S0})/2k(D_S + D_P)$，然后通过求解偏好函数的一阶条件可得：$\partial \sigma / \partial k = (D_S K_{S0} - D_P K_{P0})/2k^2(D_S + D_P) = K_{S0}/2k - D_P K/2k^2(D_S + D_P) \geq 0$。据此可以看到，地方政府对 A 类企业的特殊偏好与企业的信贷使

用效率、信贷量系数以及初始资金禀赋以及中央的隐性担保机制有关。可以看到，地方政府在信贷投放时对 A 类企业倾向性越高，即 k 越大，表示地方政府对 A 类企业的偏好程度越深。下面我们讨论引入地方政府的信贷干预行为后对其效用函数的影响情况。地方政府信贷干预前和干预后的效用函数分别为 $U_G = \sigma A_0 D_S K_{S0} + (1-\sigma) A_0 D_P K_{P0}$，$U_G' = \sigma A_0 D_S (K_{S0} + \sigma k) + (1-\sigma) A_0 D_P (K_{P0} - \sigma k)$。地方政府的效用变动形式为 $U_G' - U_G = \sigma^2 A_0 D_S k - (1-\sigma) \sigma A_0 D_P k$，通过求解函数的一阶条件可以看到：$\partial(U_G' - U_G)/\partial\sigma = 2\sigma A_0 k (D_S + D_P) - A_0 D_P k \geq A_0 D_S k \geq 0$，$\partial^2(U_G' - U_G)/\partial\sigma^2 \geq 0$，$\sigma \geq 1/2$。因此，随着地方政府对 A 类企业的偏好程度的升高，地方政府的效用呈递增趋势。由此得到如下命题：

命题 6-4：地方政府的效用增量与其对 A 类企业的偏好程度有关。随着地方政府对 A 类企业的偏好程度加深，地方政府的效用增量越大。基于此，地方政府将会进一步加大对 A 类企业的信贷支持，信贷错配问题加重，进一步强化了地方政府间的"锦标赛"式的恶性竞争。

最后，中央政府作为中立型机构，担负着维护币值稳定、金融稳定与经济增长的责任。这里为了使问题聚焦在解释货币政策有效性以及 M2/GDP 这一问题上，为了分析的简便，假定在经济系统中 A 类企业的产出函数以中央政府追求各地区总 GDP 最大化为前提。由此，中央及其各监管机构的决策函数可以表示为 $GDP = \sum_j^A A_0 D_{si} K_{si} + \sum_j A_0 D_{pj} K_{Pj}$，$i = 1, \cdots, l$，$j = 1, \cdots, n$。我们知道，各地方政府在 GDP "锦标赛"晋升机制下，信贷资源错配问题突出，具体表现为各地方政府在 A 类企业和 B 类企业的信贷资金分配上差异很大，这

里我们不妨假定 $\sum K_{Si} = N \sum K_{Pj}$，$\sum K_{Si} + \sum K_{Pj} = K$，$N \gg 1$，那么 M2/GDP 的函数形式为 $M2/GDP = [\alpha(N+1) \sum K_{Pj} + 2\beta]/(\sum A_0 D_{Si} K_{Si} + \sum A_0 D_{Pj} K_{Pj})$。可以看到，随着 A 类企业总数以及信贷总规模 M 的继续增大，N 值也在增加，导致 M2/GDP 这一比值变高。据此，得到以下命题：

命题 6-5：地方政府干预信贷会导致错配效应加剧，造成 M2/GDP 升高。且随着信贷总规模 M 以及 A 类企业比重的增大，M2/GDP 都将升高。

第三节　实证分析

一　数据来源与实证模型

本章的第二部分通过理论模型证明了在"锦标赛"晋升机制下，政府干预对 M2/GDP 的影响。接下来，我们将利用地级市层面的数据对上述的理论进行实证检验。本章使用的数据主要源自《中国城市统计年鉴》，核心被解释变量是 M2/GDP，由于没有地级市层面的货币供应量数据，我们采用信贷/GDP 这一指标代替 M2/GDP。国有企业比重数据基于 2003—2013 年工业企业数据库计算所得。工业企业国有企业比重采用的是工业企业中国有企业数量占所有工业企业的比重，本部分重点验证两个命题。第一个命题是政府干预对 M2/GDP 的影响，第二个命题是政府干预影响 M2/GDP 的机制，即倾向于国有企业和房地产部门的信贷政策，是否导致 M2/GDP 上升。

本章使用的基本回归模型为 $Y_{it} = \alpha + \beta Gov_{it} + \gamma X + \lambda_t + \mu +$

ε_{it}。其中，下标 i 表示地级市，t 表示时间。Y_{it} 表示被解释变量货币化率，被解释变量货币化率采用城市层面的贷款余额除以城市当年的 GDP 得到①。Gov_{it} 表示 i 地级市在 t 年的政府干预程度，本章分别采用财政支出占 GDP 的比重和财政收入占 GDP 的比重表示政府干预经济的程度（刘文革等，2014），该指标越大表示政府干预经济的程度越高；X_{it} 表示地级市层面的其他控制变量矩阵，包括人均 GDP、人口规模、产业结构、土地出让/财政收入等，其中产业结构变量用第三产业产值与第二产业产值的比重来表示；λ_t 表示年份固定效应，用于控制不随地区变化的时间效应；μ_i 表示地级市层面的固定效应，用来控制不随时间变化的地区特征；ε_{it} 表示误差项。另外，我们还控制了城市层面的其他变量，以缓解遗漏变量问题。

表 6-1 为各变量的统计描述。

表 6-1　　　　　　　　变量描述性统计

变量名	变量定义	均值	标准差	最小值	最大值
M2/GDP	贷款余额/GDP	1.15	1.22	0.00	34.54
政府干预	财政支出/GDP	0.14	0.10	0.00	2.12
ln 人均 GDP	ln 全市人均 GDP	10.24	0.78	2.79	13.06
ln 人口规模	ln 全市人口规模	4.54	0.75	2.64	7.49
政府干预 2	财政收入/GDP	0.08	0.06	7.32E−05	1.80
产业结构	三产产值/二产产值	0.92	0.53	0.09	4.94
外商直接投资	实际利用外商投资额	42314.19	124044.30	0.00	1677958.00

二　基本回归结果

表 6-2 报告了政府干预同 M2/GDP 之间的关系。从表

---

① 由于 M2 并没有地级市层面的数据，我们从 M2 理论定义出发，将 M2 定义为基础货币经商业银行信贷循环创造派生出的广义货币量，即从信贷创造的角度估计 M2，借鉴 Pan 等（2017）思想，采用信贷投入量占 GDP 比重表示 M2/GDP。

6-2 中第（1）列的回归结果分析可以看出，在不控制其他变量的情况下，政府干预程度越高，M2/GDP 的值就越高。表 6-2 第（2）列在控制了城市固定效应以后，政府干预对于 M2/GDP 的影响仍然非常显著。平均政府干预水平每提高 1 个单位，M2/GDP 提高 1.74 个单位。表 6-2 中第（3）列和第（4）列利用财政收入/GDP 表示政府的干预水平，回归结果同样表明政府干预水平越高，M2/GDP 越高。表 6-2 的回归证明了政府干预的确会提高 M2/GDP。此外，我们还控制了可能同时影响政府干预程度和 M2/GDP 的其他城市层面特征，以缓解遗漏变量问题。从控制变量结果看，人均 GDP 和人口规模对 M2/GDP 没有显著影响，而产业结构（三产产值/二产产值）对 M2/GDP 有明显的负向作用。这可能是在服务业较为发达的地区，资本密集度较低，所需的信贷资金较小导致的。同时，可以看出 FDI 的增加显著提高了货币化率。此外，我们还控制了土地出让收入占财政收入的比重，从回归结果看，土地出让收入占比越高，M2/GDP 也越高，这可能是因为土地出让导致货币需求增加。

表 6-2　　　　　政府干预与 M2/GDP 的回归结果

变量名	(1) M2/GDP	(2) M2/GDP	(3) M2/GDP	(4) M2/GDP
政府干预	1.97*** (0.12)	1.74*** (0.12)	4.13*** (0.23)	3.82*** (0.24)
ln 人均 GDP		-0.18*** (0.03)		-0.18*** (0.03)

续表

变量名	(1) M2/GDP	(2) M2/GDP	(3) M2/GDP	(4) M2/GDP
ln 人口规模		-0.24*** (0.06)		-0.21*** (0.06)
产业结构		0.09*** (0.02)		0.07*** (0.02)
土地出让/财政收入		0.01 (0.01)		0.01*** (0.01)
截距项	0.92*** (0.02)	3.68*** (0.39)	0.90*** (0.02)	3.50*** (0.38)
观测值	2466	2426	2466	2426
R^2	0.25	0.28	0.27	0.30
城市个数	281	281	281	281
Year FE	YES	YES	YES	YES
City FE	YES	YES	YES	YES

注：回归方法中同时控制了年份和城市固定效应；括号中为回归系数标准差，聚类到省级层面；*** 表示 $p<0.01$。

上述分析中，政府干预和被解释变量货币化率之间可能存在内生性问题。尽管我们控制了更多的变量缓解遗漏变量问题，但是仍然可能存在不可观测的因素导致一些共同因素同时影响政府干预和信贷发放。为此，我们利用官员特征作为政府干预的工具变量。我们构建了官员上任年龄和官员教育背景的交互项作为政府干预的工具变量。这一工具变量的逻辑是，官员上任时的年龄越大其晋升激励的动机越小，而其教育背景越高，干预经济的动机也越小。而且，官员直接干预信贷配置的概率很小，其主要通过干预财政的支出结构来干预信贷配置。表6-3报告了工具变量的回归结果。从回归结果看,使用工具变量后的回归结果和表6-2基本回归的结果基本一致。表6-3中第(4)列报告了一阶段的回归结果,从回归结果看官员的年龄和教育的交互项越大,政府干预的动机越小,这也符合我们的工具变量预期。

表6-3 工具变量回归结果：政府干预与货币化率

变量名	(1) M2/GDP	(2) M2/GDP	(3) M2/GDP	(4) 一阶段
政府干预	7.08* (3.68)	11.32** (5.02)	12.00** (4.95)	
ln 人均GDP		0.10 (0.25)	0.14 (0.26)	-0.05*** (0.01)
ln 人口规模		-0.16 (0.24)	-0.15 (0.25)	-0.04*** (0.01)
产业结构		-0.11** (0.05)	-0.16*** (0.05)	0.00 (0.01)
外商直接投资		5.59e-07 (1.10e-06)	4.32e-07 (1.30e-06)	-2.45e-07*** (4.87e-08)
上一年(财政支出/GDP)			-0.01 (0.02)	-0.00** (0.00)
工具变量				-9.08e-05* (4.69e-05)
观测值	2847	2536	2231	2233
R^2	0.46	0.55	0.55	0.21
城市个数	277	266	263	263
Year FE	YES	YES	YES	YES
City FE	YES	YES	YES	YES

注：回归方法中同时控制了年份和城市固定效应；括号中为回归系数标准差,聚类到省级层面；* 表示 $p<0.1$, ** 表示 $p<0.05$, *** 表示 $p<0.01$。

在理论模型中,我们的分析认为在官员晋升激励下,政府有干预经济的动机。这意味着如果上述情况存在,那么当官员面临更大的晋升压力时,政府干预经济的能力会变强。因此,我们构建了官员晋升压力指标,验证上述假说是否成立。衡量官员晋升压力的指标通常是 GDP 增长率,官员晋升压力主要来自本省份的同行政级别城市。因此,我们利用各地级市在本省份当年 GDP 的排名作为官员晋升压力的指标。这一指标越大,表明该地级市在本省份的 GDP 增长率排名越靠后,因此地方官员面临的晋升压力也就越大。表 6-4 利用官员晋升压力对政府干预指标进行回归。从回归结果看,官员的晋升压力越大,政府干预经济的动机也就越强。而且,政府干预经济的主要方式是增加财政支出。

表 6-4　　　　　　晋升压力与政府干预的回归结果

变量名	(1) M2/GDP	(2) M2/GDP	(3) M2/GDP	(4) M2/GDP
晋升压力	0.01* (0.00)	0.01*** (0.00)	-0.00 (0.00)	0.00** (0.00)
ln 人均 GDP		-0.04*** (0.00)		-0.02*** (0.00)
ln 人口规模		-0.05*** (0.01)		-0.03*** (0.01)
产业结构		0.01*** (0.00)		0.01*** (0.00)
土地出让/财政收入		-0.01*** (0.00)		-0.00*** (0.00)
截距项	0.03 (0.04)	0.51*** (0.08)	0.07*** (0.02)	0.30*** (0.04)

续表

变量名	(1) M2/GDP	(2) M2/GDP	(3) M2/GDP	(4) M2/GDP
观测值	2463	2423	2463	2423
R^2	0.24	0.29	0.22	0.30
城市个数	281	281	281	281
Year FE	YES	YES	YES	YES
City FE	YES	YES	YES	YES

注：回归方法中同时控制了年份和城市固定效应；括号中为回归系数标准差，聚类到省级层面；* 表示 $p<0.1$，** 表示 $p<0.05$，*** 表示 $p<0.01$。

官员晋升压力会导致政府干预经济的动机增强，而政府干预经济会使信贷出现扩张。表6-5将官员晋升压力和政府干预指标进行交互，考察其对信贷扩张（M2/GDP）的影响。表6-5第（1）列和第（2）列是利用财政支出/GDP 表示政府干预的程度。从交互项的系数看，官员晋升压力越大，其干预经济越会导致 M2/GDP 升高。表6-5第（3）列和第（4）列的交互项系数虽然为正但是不显著，这可能是因为财政收入/GDP 仅衡量了政府干预的部分程度。因为对于地方政府而言，财政支出和财政收入之间通常存在很大的差异。

表6-5　晋升压力、政府干预与信贷扩张的回归结果

变量名	(1) M2/GDP	(2) M2/GDP	(3) M2/GDP	(4) M2/GDP
政府干预	0.25 (1.36)	-0.57 (1.35)	1.74 (2.04)	2.02 (2.03)
晋升压力	-0.06 *** (0.02)	-0.03 (0.02)	-0.04 * (0.02)	-0.00 (0.02)

续表

变量名	(1) M2/GDP	(2) M2/GDP	(3) M2/GDP	(4) M2/GDP
晋升压力×政府干预	0.13 (0.10)	0.17* (0.10)	0.17 (0.15)	0.13 (0.15)
ln 人均 GDP		-0.18*** (0.03)		-0.18*** (0.03)
ln 人口规模		-0.24*** (0.06)		-0.22*** (0.06)
产业结构		0.09*** (0.02)		0.07*** (0.02)
土地出让/财政收入		0.01 (0.01)		0.01*** (0.01)
截距项	1.69*** (0.30)	4.01*** (0.46)	1.38*** (0.26)	3.57*** (0.44)
观测值	2463	2423	2463	2423
R^2	0.25	0.28	0.27	0.30
城市个数	281	281	281	281
Year FE	YES	YES	YES	YES
City FE	YES	YES	YES	YES

注：回归方法中同时控制了年份和城市固定效应；括号中为回归系数标准差，聚类到省级层面；* 表示 p<0.1，*** 表示 p<0.01。

政府干预影响 M2/GDP 的机制如下。导致信贷资金配置效率下降的一个重要原因是在政府干预的情况下，信贷资金的配置更倾向于低效率的部门和行业。为了检验这种机制的可能性，我们分别检验了政府干预是否导致信贷资金更多地倾向于国有企业和房地产部门。既有文献的研究表明，国有企业的生产效率相比非国有企业要低（刘瑞明，2010）。

在理论模型中，政府干预经济的一个重要途径是将信贷资金倾向性地配置到国有企业。这意味着国有企业相比非国有企业通常更容易获得信贷资金。地方政府干预导致信贷余额/GDP水平的上升，可能的原因有很多。在本章中我们强调货币化率水平上升的两种情况：（1）信贷规模一定时，信贷配置效率低；（2）信贷规模增大时，贷款余额超过GDP增长速度。我们在数理模型对两类情况均进行了分析，在信贷总规模一定时，由于地方政府干预信贷资源配置，信贷资源出现了错配，信贷的GDP产出效率下降，货币化率水平上升。而在信贷总规模增大时，信贷资源错配效应进一步加大，导致货币化率水平进一步升高。融资渠道多样化会导致货币化率水平下降。我们使用的货币化率指标是城市层面的，它既包括国企也包括民企和外资的信贷部分，反映了一个城市的总体信贷情况。因此，诚然信贷资金会在不同的企业间进行配置，但是本书中城市的货币化率指标是上升的，这说明最终的加总贷款余额/GDP是增加的。我们利用2003—2013年的上市公司数据，可以看到，在政府干预强的地区，国有企业的负债比重要高于非国有企业（见表6-6）。表6-6第（2）列和第（3）列还考察了这种效果在国际金融危机出现前后是否存在差异。从回归结果看，在2008年以前，政府干预在国有企业和非国有企业之间没有显著的差异，而在2008年以后，政府干预导致国有企业的资产负债率增加。国际金融危机出现以后，中央政府出台的"四万亿"财政刺激计划，极大增强了地方政府干预经济的能力，也导致信贷资金向国有企业倾斜。

表 6-6　　　　　　　政府干预与国有企业负债的回归结果

变量名	（1）全样本	（2）2008 年以前	（3）2008 年以后
政府干预	-20.58*** (7.21)	1.96 (12.77)	-13.38 (12.89)
是否国有	-2.51*** (0.95)	-0.09 (1.40)	1.39 (1.41)
政府干预×是否国有	45.43*** (7.86)	-8.03 (13.10)	32.69*** (11.03)
现金比率	-8.98*** (0.13)	-14.08*** (0.30)	-7.87*** (0.14)
ln 人均 GDP	0.46 (0.66)	-1.27 (1.12)	0.16 (0.94)
ln 人口规模	-2.77** (1.22)	-1.93 (2.72)	-1.51 (2.19)
产业结构	-1.14 (0.77)	-0.31 (1.20)	1.19 (1.98)
土地出让/财政收入	-0.21 (0.23)	0.13 (0.38)	-0.43 (0.36)
截距项	66.59*** (10.02)	81.39*** (19.95)	56.90*** (17.41)
观测值	12525	4938	7587
R^2	0.33	0.32	0.34
城市个数	231	217	227
Year FE	YES	YES	YES
City FE	YES	YES	YES

注：回归方法中同时控制了年份和城市固定效应；括号中为回归系数标准差，聚类到省级层面；** 表示 $p<0.05$，*** 表示 $p<0.01$。

表 6-7 第（3）列放入了政府干预和国有企业比重的交互项。从交互项的系数看，国有企业比重越高的地方，政府干预对于 M2/GDP 的影响也越大。这说明政府干预导致

M2/GDP 上升的一个重要途径是将信贷资金配置到国有企业当中去。

表 6-7　政府干预、国有企业比重与 M2/GDP 的回归结果

变量名	(1) M2/GDP	(2) M2/GDP
政府干预	9.73*** (0.23)	9.66*** (0.23)
国有企业比重	0.71* (0.376)	0.67* (0.377)
政府干预×国有企业比重	5.09** (2.09)	5.64*** (2.09)
ln 人均 GDP		−0.03 (0.05)
ln 人口规模		−0.18 (0.13)
三产产值/二产产值		−0.22*** (0.05)
截距项	−0.04 (0.08)	1.25 (0.81)
观测值	3047	3026
R^2	0.60	0.61
城市个数	285	285
Year FE	YES	YES
City FE	YES	YES

注：回归方法中同时控制了年份和城市固定效应；括号中为回归系数标准差，聚类到省级层面；* 表示 $p<0.1$，** 表示 $p<0.05$，*** 表示 $p<0.01$。

一方面，由于经济体制中存在国有和非国有的区别，地方政府干预经济时，倾向增加国有企业的信贷。另一方面，地方政府依赖土地出让的模式，也导致房地产部门的

繁荣发展。而房地产部门的繁荣导致信贷资金向房地产行业倾向，刺激了信贷的扩张。表6-8检验了政府干预和房地产投资对信贷扩张的影响。表6-8第（1）列的结果显示，房地产部门投资的增加会导致M2/GDP的上升，表中第（3）列的交互项系数显著，说明随着政府干预的加强，房地产投资对M2/GDP的提高作用变强。从表6-6、表6-7和表6-8的回归结果中可以看出，信贷资源倾向国有企业和房地产部门的配置导致信贷的配置效率下降。

表6-8　　政府干预、房地产市场与信贷扩张的回归结果

变量名	(1) M2/GDP	(2) M2/GDP	(3) M2/GDP
政府干预		1.73*** (0.12)	−1.55 (0.95)
ln 房地产投资	0.02* (0.01)	0.03** (0.01)	−0.01 (0.02)
政府干预× ln 房地产投资			0.28*** (0.08)
ln 人均GDP		−0.19*** (0.026)	−0.18*** (0.03)
ln 人口规模		−0.25*** (0.06)	−0.25*** (0.06)
产业结构		0.09*** (0.02)	0.09*** (0.02)
土地出让/财政收入		0.01 (0.01)	0.01 (0.01)
截距项	0.87*** (0.16)	3.45*** (0.40)	3.87*** (0.42)
观测值	2459	2420	2420
R^2	0.16	0.28	0.29

续表

变量名	(1) M2/GDP	(2) M2/GDP	(3) M2/GDP
城市个数	281	281	281
Year FE	YES	YES	YES
City FE	YES	YES	YES

注：回归方法中同时控制了年份和城市固定效应；括号中为回归系数标准差，聚类到省级层面；* 表示 $p<0.1$，** 表示 $p<0.05$，*** 表示 $p<0.01$。

三 稳健性检验

本章将主要使用两种方式对上述结论进行稳健性检验：一是增加控制变量，二是考察地区间的异质性。

（一）控制土地出让

2003 年以后，地方政府的财政收入很大一部分依赖于土地出让收入。而土地出让又可以通过土地抵押获得贷款。因此，土地出让收入越高的地区，由于土地抵押导致的信贷扩张也可能越强。本章进一步控制土地出让收入变量以验证已有回归结果的稳健性，回归结果见表 6-9。回归结果表明，虽然土地出让收入占比的确增加了信贷占 GDP 的比重，但是政府干预仍然显著提高了 M2/GDP，进一步说明已有回归结果的稳健性。

表 6-9　　　　控制土地出让收入的回归结果

变量名	(1) M2/GDP	(2) M2/GDP
政府干预	9.41*** (2.45)	10.46*** (1.84)

续表

变量名	(1) M2/GDP	(2) M2/GDP
国有企业比重	0.69 (2.06)	-1.30 (1.41)
政府干预×国有企业比重	6.93 (17.31)	23.06* (12.49)
土地出让收入/财政收入	0.05** (0.02)	0.08*** (0.02)
控制变量	控制	控制
截距项	-0.14 (0.34)	0.02 (1.48)
观测值	3005	2692
R^2	0.60	0.72
城市个数	284	283
Year FE	YES	YES
City FE	YES	YES

注：回归方法中同时控制了年份和城市固定效应；括号中为回归系数标准差，聚类到省级层面；*表示 $p<0.1$，**表示 $p<0.05$，***表示 $p<0.01$。

（二）分样本回归

政府干预对 M2/GDP 的影响，在不同时间段与不同地域之间的影响效应可能是异质的。本章接下来按照东部、中西部分组并以 2008 年国际金融危机为临界点分组进行分样本回归。首先，从 M2/GDP 的整体趋势来看，2008 年发生的国际金融危机是一个明显的分界点。2008 年以前 M2/GDP 的趋势较为平缓，但是 2008 年以后 M2/GDP 上升较快。因此，政府干预可能在 2008 年以后有加强的趋势。因此，我们在表 6-10 中将样本分为 2008 年前后。从回归结果看，2008 年以后政府干预经济的强度明显增加。表 6-10 中第（6）列的系数接近第（3）列的两倍。从机制上看，2008 年以前，政府干预经济的手段中国有企业是重要的途径。但是 2008 年以后，这一趋势有所减弱。这可能是因为政府干预经济中，基础建设投资的增加是另外一个重要的途径。

表 6-10　　分 2008 年前后的回归结果（分样本回归）

变量名	（1）	（2）	（3）	（4）	（5）	（6）
	2003—2008 年			2008—2013 年		
	M2/GDP	M2/GDP	M2/GDP	M2/GDP	M2/GDP	M2/GDP
政府干预	14.46*** (1.08)		13.13*** (1.10)	0.42 (0.34)		-0.30 (0.47)
国有企业比重		0.59* (0.33)	-0.72 (1.27)		1.25 (1.16)	-0.84 (1.41)
政府干预× 国有企业比重			15.83 (11.72)			13.60* (7.60)
控制变量	控制	控制	控制	控制	控制	控制
截距项	-3.73* (1.93)	19.74*** (4.89)	-3.67* (2.03)	3.33*** (0.71)	3.54*** (0.70)	3.56*** (0.73)
观测值	1495	1495	1495	1222	1222	1222
R^2	0.84	0.15	0.85	0.17	0.17	0.18
城市个数	282	282	282	272	272	272
Year FE	YES	YES	YES	YES	YES	YES
City FE	YES	YES	YES	YES	YES	YES

注：回归方法中同时控制了年份和城市固定效应；括号中为回归系数标准差，聚类到省级层面；* 表示 $p<0.1$，*** 表示 $p<0.01$。

另外，东西部地区面临的竞争环境不同，可能容易导致不同的机制和路径在各区域之间存在显著的差异性。为此，我们将样本分为东部和中西部地区，分别来分析东部和中西部地区政府干预下的高货币化比值。根据表6-11的回归结果可以看到，政府干预对M2/GDP的提升作用在东部地区更为明显，这可能是因为东部地区的金融结构更发达、信贷扩张更容易。

表6-11 政府干预异质性的回归结果（分东部和中西部地区）

变量名	(1) 中西部地区 M2/GDP	(2) 中西部地区 M2/GDP	(5) 东部地区 M2/GDP	(6) 东部地区 M2/GDP
政府干预	1.55*** (0.14)	1.38*** (0.14)	4.17*** (0.26)	3.78*** (0.28)
ln 人均GDP		-0.14*** (0.03)		-0.18*** (0.04)
ln 人口规模		-0.18* (0.10)		-0.27*** (0.07)
产业结构		0.08*** (0.02)		0.09** (0.04)
土地出让/财政收入		0.01 (0.01)		0.01 (0.01)
截距项	0.96*** (0.02)	3.02*** (0.55)	0.70*** (0.04)	3.68*** (0.60)
观测值	1634	1599	832	827
R^2	0.21	0.24	0.44	0.46
城市个数	216	214	98	98
Year FE	YES	YES	YES	YES
City FE	YES	YES	YES	YES

注：回归方法中同时控制了年份和城市固定效应；括号中为回归系数标准差，聚类到省级层面；* 表示 $p<0.1$，** 表示 $p<0.05$，*** 表示 $p<0.01$。

第四节 本章小结

本章基于地方政府GDP"锦标赛"晋升机制的视角，通过构建数理模型，从理论上证明了在政治激励下，地方政府通过干预信贷投放会在一定程度上推高货币化率。本章运用2003—2013年城市面板数据进行实证检验，进一步探讨了地方政府干预经济的动机与背后的机制以及是如何推高货币化率的。研究结果表明，地方政府在GDP"锦标赛"晋升机制下，有干预信贷资源配置的动机。地方干预信贷资源配置的主要手段是将资源配置到低效率的国有企业、房地产以及基础设施建设中。此外，本章还通过实证研究发现地方政府干预经济的强度在2008年以后变强，但配置到国有企业的比重在减弱，这可能是基础设施建设逐渐成为地方政府干预经济的另一重要途径。为了更全面地刻画地方政府干预信贷的背后机制，还将样本分成了东部和中西部两组进行分析，结果发现东部地区地方政府干预对货币化率的提振作用更明显，这可能是东部地区的金融结构更为发达、信贷扩张更容易导致的。由此可以看到，在"锦标赛"晋升机制下，地方政府有了干预信贷投放的动机，从而导致信贷错配，这一效应推高了货币化水平。近年来，宽松型货币政策并没有带来有效的经济增长，由此出现了高货币、低增长并存的局面。重塑中央与地方的关系，建立多指标、多角度衡量官员晋升的制度，不再以经济增长为单一考核指标，会在一定程度上提高货币政策的有效性，使信贷错配效应得到缓解。

第七章 结论与政策建议

本书基于理论模型和实证分析，系统梳理中央银行、商业银行以及地方政府三类经济主体在中国高货币化比率M2/GDP产生中的作用机制，试图为我国"高货币之谜"现象提供一个新的分析视角。通过结合当前中国中央银行独立性和货币政策稳定性、商业银行信贷创造和倾向、地方政府干预信贷资源配置的现实，本书提出通过强化中央银行的独立性，有效监管金融机构的存款行为，拓宽公众的投融资渠道，强化商业银行资产负债业务的管理，构建地方政府官员的多指标晋升机制，来改变信贷资源错配现状，缓解当前高货币、低增长并存的局面，进而针对不同的研究结论，对应分析其相关的实践政策取向。

第一节 主要结论

本书以博弈论和产业经济学的学科为指导理论，尝试采用规范分析和实证分析相结合、静态分析与动态分析相结合、比较分析与系统分析相结合的研究方法，对中央银行的行为、商业银行的行为、地方政府的行为与"高货币

第七章 结论与政策建议

之谜"的关联性分别进行了理论和实证的分析。我们的研究思路是：首先，通过国际和国内比较分析发现中央银行的独立性和货币政策的稳定性影响了高货币化比率 M2/GDP，以此构建起中央银行的独立性对"高货币之谜"的影响机理；其次，尝试从博弈论的角度出发，在中央银行独立性的基础上，引入商业银行和地方政府的信贷投放和资源配置机制，以此来研究中央银行独立性、商业银行和地方政府的信贷行为之间的关联性和互动机理；再次，通过分析商业银行的行为，发现商业银行的存款竞争行为以及资产负债表的结构性扩张影响了广义货币供给量 M2 的增加，间接推进了高货币化水平 M2/GDP 的升高，并通过理论和实证分析验证了结论；复次，通过分析地方政府的行为，发现地方政府土地财政和助推信贷错配的行为影响了 M2/GDP 的升高，本书通过构建三主体博弈模型分析地方政府行为影响"高货币之谜"的产生机制，并通过实证分析进一步探讨其因果关系；最后，根据理论和实证结果提出一些政策建议。本书的主要结论如下。

第一，中央银行的独立性和货币政策的稳定性影响经济货币化水平 M2/GDP 的攀升。本书首先通过横向和纵向比较，从国际比较发现中央银行独立性较强的国家 M2/GDP 的变动普遍较为平稳，从横向比较发现每一次大规模释放流动性以及紧缩货币都会引发中国 M2/GDP 的攀升。理论结果也表明，中央银行独立性与货币政策稳定性直接影响了商业银行和地方政府的助推信贷投放的行为，最终导致 M2/GDP 的不断升高。

第二，商业银行的存款竞争和资产负债表的扩张行为影响广义货币供给量的增加。首先，公众与金融机构的存款博弈均衡为（存款，揽储），即金融机构存款竞争行为以及公众的存款倾向使广义货币供应量 M2 增大，随着金融机构数目 n 的增多，公众存款 D 金额增大，而由 M2 的存款定义 $M2=\alpha D$ 可知广义货币供给量增加。在现代信用货币制度下，我国作为间接融资为主的国家，商业银行在货币创造过程中有无可替代的作用。根据中央银行关于广义货币的统计口径，通过测算可以看到广义货币的快速增长可以用广义货币中准货币部分的高速增长来解释，而准货币的高速增长又可用公众储蓄存款的增长来解释。基于此，本书试图通过博弈论来部分解释广义货币量 M2 的增长，以便给中国的"高货币之谜"提出一种新的分析视角。其次，本书对商业银行资产负债表影响广义货币供给进行微观机理分析，认为商业银行资产负债表的结构性扩张会影响广义货币供给，并利用 2005—2017 年的季度数据进行了实证检验，结果表明商业银行资产负债表的不断扩张对广义货币供应量具有显著的正向影响，即商业银行的资产规模不断扩大是导致 M2/GDP 升高的关键因素。同时，资产的结构性变动也在一定程度上影响了广义货币供给，成为推高 M2/GDP 的重要因素。

第三，地方政府土地财政和助推信贷错配的行为成为推高 M2/GDP 的重要因素。首先，本书构建包含地方政府和企业或开发商的动态数理模型，以地方政府的晋升激励和对土地财政的依赖行为解释"高货币之谜"，结果表明在"锦标赛"晋升机制下，地方政府对土地财政的过度依赖行为导致信贷投放量增大，一定程度上促进了 M2/GDP 的升高。其次，通过构建包含异质性企业或产业、地方政府和中央部门的三阶段动态数理模型，从理论上解释了在面对经济冲击时，当前的"锦标赛"晋升机制如何扭曲了地方政府行为，导致货币政策失效，并通过城市面板数据实证验证了这一判断。

第二节 政策建议

通过对中央银行、商业银行以及地方政府三类经济主体的互动机制以及在中国高货币化比率产生中的机理的分析可以发现：首先，中央银行独立性和货币政策的稳定性的强化可以改变商业银行的信贷投放倾向以及地方政府的信贷资源错配现状，从而有效减缓 M2/GDP 的不断攀升；其次，商业银行等金融机构的存款竞争行为和资产负债表的监管可以有效减缓广义货币供给量的升高；最后，构建多指标的官员晋升机制，可以有效缓解地方政府过度依赖土地财政，助推信贷资源错配状况，从而有效缓解当前高货币与低增长并存的局面。具体而言，包括以下政策建议。

（1）一是优化货币政策委员会成员的人员结构，使中央银行在货币供给方面的决策权得以加强；二是提高中央银行的行政级别，使其独立于任何有利用货币政策刺激经济倾向的机构，中央银行可以自主实行宽松型还是紧缩型货币政策，保持币值稳定，使经济平稳增长；三是一味地追求经济增长会导致币值不稳定，诱发通货膨胀的风险，金融体系稳定性也难以保证，且通过货币政策刺激经济增长只能是暂时的，并不是长久之计，也不具有持续性，反而会引发更大的系统性风险。

（2）在金融市场逐步发展的情况下，金融机构间的存款竞争行为已经形成，如何有效监管金融机构的存款竞争行为，防止恶性竞争成为当务之急。另外，拓展公众的投资渠道，丰富金融商品结构，完善我国的社会保障体系和金融体制，引导直接融资模式的发展，拓宽经济主体的投融资渠道；加强商业银行资产负债业务的管理，提高商业银行资产端的资金利用效率，引导其将贷款尽量投放到实体经济活动中去，这样才能形成有效的产出，从而有效缓解 M2/GDP 过高的现状。

（3）多年来"锦标赛"晋升机制，使地方政府以本地经济发展为单一目标，过度依赖土地财政，将信贷资源过多投放到国企和地方性融资平台助推信贷错配。因此，重塑中央与地方的关系，建立多指标、多角度衡量官员晋升的制度，不再以经济增长为单一考核指标。一方面会避免地方政府过度依赖土地财政，另一方面会在一定程度上提高货币政策的有效性，使信贷错配效应得到缓解，从而有效缓解当前中国高货币、低增长并存的局面。

第三节 研究展望

由于受到文章篇幅和个人能力的限制，对于中国"高货币之谜"探究的选题，还存在许多有待进一步研究的方面。

一 理论分析部分

本书结合博弈论，通过构建动态数理模型分析中央银行独立性、商业银行存款竞争以及资产负债表结构性扩张、"锦标赛"晋升机制下地方政府土地出让以及竞争行为对"高货币之谜"的影响。在未来的研究中，可以进一步分析不同企业在当前的信贷投放模式下的投融资行为，从而拓展中国"高货币之谜"的解释机制。此外，本书建立的数理模型的假定还比较严格，其中有的假设可能并不完全符合中国目前的基本国情，未来可以进一步放松部分假设以求更贴近现实，从而可以得到不同的结论。

二 实证分析部分

由于时间和精力有限，加之考虑到数据的可得性，本书有些章节采用了实例分析来验证结果。此外，本书所使用的数据包括本国的时间序列和省级面板数据，对于时间序列数据，未来可以拓展到国别比较进行面板分析，而对于省级面板数据，未来可以进一步细化到市级或县级层面的数据作为研究对象，可能会挖掘出一些新的结论。

参考文献

［美］卡尔·瓦什：《货币理论与政策》，彭兴瑞、曾刚译，中国人民大学出版社2004年版。

［美］爱德华·肖：《经济发展中的金融深化》，邵伏军等译，格致出版社1991年版。

［美］戴维·罗默：《高级宏观经济学》，王根蓓译，上海财经大学出版社2003年版。

［美］罗纳德·麦金农：《经济发展中的货币与资本》，卢驄译，人民出版社1988年版。

［美］约瑟夫·阿洛伊斯·熊彼特：《经济发展理论——对于利润、资本、信贷、利息和经济周期的探究》，何畏、易家详、张军扩等译，商务印书馆2000年版。

艾洪德、范立夫：《货币银行学》，东北财经大学出版社1994年版。

白俊、孟庆玺：《地方政府干扰了货币政策的有效性吗》，《经济学家》2015年第9期。

北京大学中国经济研究中心宏观组：《货币政策乎？财政政策乎？——中国宏观经济政策评析及增长的建议》，《经济研究》1998年第10期。

蔡志刚：《中央银行独立性与货币政策》，中国金融出版社 2004 年版。

陈德胜、郑后成：《我国 M2/GDP 发展趋势判断》，《当代经济》2015 年第 4 期。

陈浩、汪敏：《中国地方政府土地出让行为的竞争效应研究》，《中央财经大学学报》2016 年第 10 期。

陈抗、Arye L. Hillman、顾清扬：《财政集权与地方政府行为变化》，《经济学（季刊）》2002 年第 1 期。

陈平：《宏观审慎视角下的中央银行独立性研究》，《宏观经济研究》2014 年第 1 期。

陈晓枫：《对我国中央银行独立性的实证研究及政策建议》，《福建论坛》2007 年第 6 期。

崔建军、朱函语：《高货币化率与经济增长减缓的矛盾分析——基于货币资金传导过程的 VAR 模型研究》，《统计与信息论坛》2018 年第 6 期。

戴根有：《关于我国货币政策的理论与实践问题》，《金融研究》2000 年第 9 期。

邓贵川、彭红枫：《货币国际化、定价货币变动与经济波动》，《世界经济》2019 年第 6 期。

都星汉、卢瑶、匡敏：《全球 M2/GDP 水平和趋势探讨》，《上海金融》2009 年第 1 期。

范剑勇、莫家伟：《地方债务、土地市场与地区工业增长》，《经济研究》2014 年第 1 期。

冯科、何理：《我国银行上市融资、信贷扩张对货币政策传导机制的影响》，《经济研究》2011 年第 2 期。

高然、陈忱、曾辉等：《信贷约束、影子银行与货币政策传导》，《经济研究》2018 年第 12 期。

耿中元、黄明：《基于结构突变理论的我国货币流通速度的长期趋势》，《技术经济与管理研究》2007年第4期。

郭浩：《中国的"超额"货币需求——稳健货币政策分析报告中的两个理论问题》，《管理世界》2002年第6期。

郭珂：《土地财政依赖、财政缺口与房价——基于省际面板数据的研究》，《经济评论》2013年第2期。

郭铭文：《商业银行存款稳定性研究》，博士学位论文，吉林大学，2006年。

郭琪、彭江波：《"以存定贷"与中小企业信贷约束——山东省例证》，《金融研究》2012年第12期。

郭晔、赵静：《存款竞争、影子银行与银行系统风险——基于中国上市银行微观数据的实证研究》，《金融研究》2017年第6期。

韩平、李斌、崔永：《我国M2/GDP的动态增长路径、货币供应量与政策选择》，《经济研究》2005年第10期。

何德旭、冯明：《新中国货币政策框架70年：变迁与转型》，《财贸经济》2019年第9期。

何源：《中国证券价格波动与实体经济稳定性研究》，《统计与决策》2016年第3期。

胡诗阳、祝继高、陆正飞：《商业银行吸收存款能力、发行理财及其经济后果研究》，《金融研究》2019年第6期。

胡援成：《中国的货币乘数与货币流通速度研究》，《金融研究》2000年第9期。

华生：《新土改——土地制度改革焦点难点辨析》，东方出版社2014年版。

黄昌利、任若恩：《中国 M2/GDP 水平与趋势的国际比较、影响因素：1978—2002》，《中国软科学》2004 年第 2 期。

黄昌利、王艳萍：《改革开放 30 年中国 M2/GDP 比率研究：基于货币供给的视角》，《宏观经济研究》2012 年第 8 期。

黄达：《财政信贷综合平衡导论》，中国金融出版社 1984 年版。

黄燕芬、顾严：《我国基础货币的来源及中央银行的调控能力分析：1998—2004》，《管理世界》2006 年第 3 期。

贾康、刘薇：《土地财政：分析及出路》，《财政研究》2012 年第 1 期。

江曙霞、何建勇：《银行资本、银行信贷与宏观经济波动——基于 C-C 模型的影响机理分析的拓展研究》，《金融研究》2011 年第 5 期。

雷祥善：《中国货币供给的变动规律与趋势预测——基于 SARIMA 模型的实证研究》，《当代经济》2015 年第 7 期。

雷震、彭欢：《我国银行业改革与存贷款市场结构分析——基于推测变分的结构模型》，《管理世界》2009 年第 6 期。

黎齐：《货币政策、利率市场化与信贷资源错配——基于非平等市场地位的信贷市场资金供给平衡模型》，《金融经济学研究》2016 年第 2 期。

李斌：《存差、金融控制和铸币税——兼对中国 M2/GDP 过高之谜的再解释》，《管理世界》2006 年第 3 期。

李健：《结构变化："中国货币之谜"的一种新解》，《金融研究》2007年第1期。

李祺：《新型城镇化背景下土地财政的两难困境与代偿机制研究》，《财政研究》2015年第5期。

李小林、司登奎、江春：《扩展型泰勒规则与人民币汇率变动：理论机理与实证检验》，《统计研究》2018年第3期。

李欣、张家伟：《对"中国货币迷失之谜"的再探讨》，《当代经济研究》2011年第5期。

李秀萍、付兵涛、韩立彬：《晋升激励、信贷错配与高货币化率》，《云南财经大学学报》2021年第11期。

李秀萍、付兵涛、韩立彬：《我国高货币化率的研究综述与展望——基于信贷传导机制的视角》，《管理现代化》2019年第3期。

李治国：《基础货币、货币乘数与货币当局资产负债结构的关系研究——基于中国1994—2006年季度数据的实证分析》，《数量经济技术经济研究》2007年第11期。

李治国、张晓蓉：《转型期货币供给内生决定机制：基于货币当局资产负债表的解析》，《统计研究》2009年第6期。

廉永辉、张琳：《流动性冲击、银行结构流动性和信贷供给》，《国际金融研究》2015年第4期。

林冰玲：《存款准备金率变动对银行资产结构的影响及其传导机制分析》，硕士学位论文，西南交通大学，2018年。

刘京君、张莉、徐现祥：《土地出让与银行信贷配置：

兼论实体经济为何融资难》，《中山大学学报》（社会科学版）2016年第5期。

刘明志：《中国的M2/GDP（1980—2000）：趋势、水平和影响因素》，《经济研究》2001年第2期。

刘瑞明、石磊：《国有企业的双重效率损失与经济增长》，《经济研究》2010年第1期。

刘锡良、肖玲：《从独立走向合作——中央银行未来发展趋势》，《金融研究》2003年第10期。

刘亦文、胡宗义：《中国M2/GDP畸高之谜的再考察——兼论当前全球金融危机的实质》，《财经理论与实践》2010年第2期。

卢峰、姚洋：《金融压抑下的法治、金融发展和经济增长》，《中国社会科学》2004年第1期。

陆磊：《非均衡博弈、中央银行的微观独立性与最优金融稳定政策》，《经济研究》2005年第8期。

马勇、田拓、阮卓阳等：《金融杠杆、经济增长与金融稳定》，《金融研究》2016年第6期。

马勇、王芳：《金融开放、经济波动与金融波动》，《世界经济》2018年第2期。

麦金农：《经济自由化的顺序——向市场经济过渡中的金融控制》，中国金融出版社1999年版。

苗文龙：《高货币化、通货膨胀预期与通货膨胀》，《投资研究》2012年第3期。

苗文龙：《信息约束博弈、中央银行独立性与货币、金融稳定政策》，《经济评论》2006年第6期。

牟敦国：《我国居民货币储蓄行为模型分析》，《数量经济技术经济研究》2004年第10期。

齐红倩、席旭文、蔡志刚：《中国城镇化进程中土地财政与腐败生成机制的实证研究》，《西安交通大学学报》（社会科学版）2017年第1期。

秦朵：《改革以来的货币需求关系》，《经济研究》1997年第10期。

秦朵：《居民储蓄：准货币之主源》，《经济学（季刊）》2002年第1期。

饶品贵、姜国华：《货币政策、信贷资源配置与企业业绩》，《管理世界》2013年第3期。

盛松成、翟春：《中央银行与货币供给》，中国金融出版社2016年版。

施锡铨、夏国忠：《我国货币流通速度的时序模型研究》，《财经研究》1999年第9期。

帅勇：《资本存量货币化对货币需求的影响》，《中国经济问题》2002年第3期。

宋芳秀：《中美广义货币量的比较及启示》，《经济纵横》2012年第4期。

苏远琳、崔红卫：《货币供应量适度区间的确定》，《软科学》2007年第1期。

孙凯、秦宛顺：《关于我国中央银行独立性问题的探讨》，《金融研究》2005年第1期。

孙凯、秦宛顺：《关于我国中央银行独立性与宏观经济表现的实证分析》，《金融研究》2005年第5期。

唐国兴、徐建刚：《引进外资对我国货币流通速度的影响》，《数量经济技术经济研究》2006年第10期。

田国强、赵旭霞：《金融体系效率与地方政府债务的联动影响——民企融资难融资贵的一个双重分析视角》，《经济研究》2019年第8期。

田伟：《考虑地方政府因素的企业决策模型——基于企业微观视角的中国宏观经济现象解读》，《管理世界》2007年第5期。

汪洋：《中国M2/GDP比率问题研究述评》，《管理世界》2007年第1期。

王博、李力、郝大鹏：《货币政策不确定性、违约风险与宏观经济波动》，《经济研究》2019年第3期。

王国刚：《"货币超发说"缺乏科学依据》，《经济学动态》2011年第7期。

王晋斌、李博：《中国货币政策对商业银行风险承担行为的影响研究》，《世界经济》2017年第1期。

王明涛、何浔丽：《货币政策与股票市场流动性风险——来自中国股票市场的经验证据》，《上海金融》2010年第12期。

王同春、赵东：《中国超额货币的成因及影响研究——一个新模型的提出及应用》，《国际金融研究》2000年第8期。

王文剑、覃成林：《财政分权、地方政府行为与地区经济增长：一个基于经验的判断及检验》，《经济理论与经济管理》2007年第10期。

王兆旭、纪敏：《我国M2/GDP偏高的内在原因和实证检验》，《经济学动态》2011年第11期。

魏强、陈华帅：《关于我国中央银行独立性与通货膨胀的研究》,《数量经济技术经济研究》2009 年第 9 期。

翁恺宁、张盛旺:《西方中央银行独立性理论和指标体系的发展》,《当代经济科学》2000 年第 5 期。

吴昊:《中央银行独立性研究》,中国社会科学出版社 2003 年版。

吴恒宇、吴俊、张宗益:《存款利率市场化条件下存款竞争与银行稳定关系研究》,《预测》2015 年第 1 期。

吴建军:《中国 M2/GDP 过高——基于 IS-LM 模型的分析》,《金融研究》2007 年第 5 期。

吴晓灵:《金融市场化改革中的商业银行资产负债管理》,《金融研究》2013 年第 12 期。

伍志文:《"中国之谜"——文献综述和一个假说》,《经济学(季刊)》2003 年第 1 期。

谢平、张怀清:《融资结构、不良资产与中国 M2/GDP》,《经济研究》2007 年第 2 期。

谢亚轩、蔡瑞文:《关于中国货币流通速度对通货膨胀影响的几个事实的研究》,《中国货币市场》2010 年第 8 期。

徐长生、马克:《"中国货币之谜":基于货币需求视角的解释》,《经济学家》2016 年第 8 期。

徐广军、王明明:《央行独立性问题研究述评》,《金融科学》2001 年第 2 期。

徐明昌:《广义货币 M2 增长空间探索》,《中国软科学》1999 年第 11 期。

徐明东、陈学彬:《中国微观银行特征与银行贷款渠道检验》,《管理世界》2011 年第 5 期。

徐宁:《商业银行存款价格竞争的特点、困惑及解决路径》,《清华金融评论》2018年第4期。

徐思远、洪占卿:《信贷歧视下的金融发展与效率拖累》,《金融研究》2016年第5期。

徐斯旸、查理:《总需求结构、内生性货币供给与中国货币化水平》,《财经问题研究》2017年第10期。

许涤龙、陈黎明:《中国货币供应适度区间的统计测度》,《统计研究》2002年第12期。

许坤、苏扬:《逆周期资本监管、监管压力与银行信贷研究》,《统计研究》2016年第3期。

颜竹梅、刘亦文、黄静寅:《中国M2/GDP水平的国际比较与畸高的成因探析》,《统计与决策》2009年第6期。

杨金荣:《商业银行存款竞争:趋势、挑战与应对研究》,《金融监管研究》2014年第12期。

杨肃昌、徐建卫:《中国货币流通速度研究:一个文献述评》,《经济问题探索》2015年第2期。

杨云、仲伟周、王立军:《我国M2/GDP的适度区间及政策含义》,《当代经济科学》2014年第3期。

杨哲:《中央银行独立性与货币、金融稳定政策协调》,《经济与管理》2009年第5期。

杨志锦:《货币当局资产负债表为何收缩后再扩张?2016年再贷款猛增2倍》,《21世纪经济报道》2017年1月18日第3版。

易纲:《中国的货币、银行和金融市场:1984—1993》,人民出版社1996年版。

易纲:《中国的货币化进程》,商务印书馆2003年版。

易纲、赵先信:《中国的银行竞争:机构扩张、工具创新与产权改革》,《经济研究》2001年第8期。

殷剑峰:《货币、信用及关于我国 M2/GDP 的分析》,《中共中央党校学报》2013年第4期。

余永定:《M2/GDP 的动态增长路径》,《世界经济》2002年第12期。

岳树民、卢艺:《土地财政影响中国经济增长的传导机制——数理模型推导及基于省际面板数据的分析》,《财贸经济》2016年第5期。

战明华:《金融摩擦、货币政策银行信贷渠道与信贷资源的产业间错配》,《金融研究》2015年第5期。

张春生、吴超林:《中国 M2/GDP 畸高原因的再考查——基于商业银行资产负债表的分析》,《数量经济技术经济研究》2008年第5期。

张建波、卢悦衡、李亚辉:《关于我国高货币化成因的研究》,《经济纵横》2012年第1期。

张杰:《国有银行的存差:逻辑与性质》,《金融研究》2003年第6期。

张杰:《中国的高货币化之谜》,《经济研究》2006年第6期。

张莉、魏鹤翀、欧德赟:《以地融资、地方债务与杠杆——地方融资平台的土地抵押分析》,《金融研究》2019年第3期。

张孟:《我国商业银行存款吸收能力影响因素研究与策略分析》,硕士学位论文,山东大学,2015年。

张锐:《我国货币超发的动态分析和理性评判》,《财经科学》2013年第7期。

张文：《经济货币化进程与内生性货币供给：关于中国高 M2/GDP 比率的货币分析》，《金融研究》2008 年第 2 期。

张旭：《中央银行独立性测度的比较及对我国的启示》，《财贸研究》2002 年第 3 期。

张一、张运才：《广义货币与国内生产总值比值增长的诱因与趋势：1978—2015 年》，《改革》2016 年第 4 期。

赵留彦、王一鸣：《中国货币流通速度下降的影响因素：一个新的分析视角》，《中国社会科学》2005 年第 4 期。

郑先炳：《论货币流通速度递增规律》，《财贸经济》1986 年第 9 期。

中国金融论坛课题组：《杠杆率结构、水平和金融稳定：理论与经验》，中国人民银行工作论文，2017 年 2 月 14 日。

周骏：《社会主义金融学》，中国金融出版社 1987 年版。

周黎安：《晋升博弈中政府官员的激励与合作——兼论我国地方保护主义和重复建设问题长期存在的原因》，《经济研究》2004 年第 6 期。

周黎安：《中国地方官员的晋升锦标赛模式研究》，《经济研究》2007 年第 7 期。

朱艳敏：《由 M2/GDP 的变动趋势（1990—2000）看中国金融资产的流动性及结构》，《上海金融》2001 年第 9 期。

左伟、朱元倩、巴曙松：《金融监管、流动性约束与货币政策效果——基于 DSGE 模型的实证研究》，《金融论坛》2018 年第 4 期。

Abeysinghe, T., Rajaguru, G., "Quarterly Real GDP Estimates for China and ASEAN4 with a Forecast Evaluation", *Journal of Forecasting*, Vol. 23, No. 6, September 2004.

Alex, C., "Central Bank Independence and Monetary Control", *Royal Economic Society*, Vol. 104, No. 427, November 1994.

Amisano, G., Fagan, G., "Money Growth and Inflation: A Regime Switching Approach", *Journal of International Money and Finance*, Vol. 33 (C), March 2013.

Bagus, P., David, H., "Central Bank Balance Sheet Analysis", *Betriebswirtschaftliche Forschung und Praxis*, No. 79801, June 2017.

Barro, R. J., Gordon, D. B., "A Positive Theory of Monetary Policy in a Natural Rate Model", *Journal of Political Economy*, Vol. 91, No. 4, August 1983.

Baunto, A. A. L., Bordes, B. C., Maveyraud, S., "Money Growth and Velocity with Structural Breaks: Evidence from the Philippines", *Philippine Management Review*, Vol. 18, 2011.

Becker, S., "Global Liquidity 'Glut' and Asset Price Inflation", *Deutsche Bank Research*, May 2007.

Bernanke, B. S., Gertler, M., "Inside the Black Box: The Credit Channel of Monetary Policy Transmission", *The Journal of Economic Perspectives*, Vol. 9, No. 4, Autumn 1995.

Bernanke, B. S., Blinder, A. S., "Credit, Money, and Aggregate Demand", *The American Economic Review Papers and Proceedings*, Vol. 78, No. 2, May 1988.

Bernanke, B. S., *Deflation and Monetary Contraction in the Great Depression: An Analysis by Simple Ratios*, Princeton University Press, 2009.

Bernanke, B., Mishkin, F., "Central Bank Behavior and the Strategy of Monetary Policy: Observations from Six Industrialized Countries", *NBER Macroeconomics Annual*, 1992.

Blinder, A. S., "Central Bank Credibility: Why Do We Care? How Do We Build It?", *The American Economic Review*, Vol. 90, No. 5, 2000.

Bodea, Cristina, Raymond Hicks, "Price Stability and Central Bank Independence: Discipline, Credibility and Democratic Institutions", *International Organization*, Vol. 69, No. 1, December 2014.

Bonner, C., "Liquidity Regulation and Bank Behavior", Tilburg: Center for Economic Research, 2014.

Broz, J. L., "Political System Transparency and Monetary Commitment Regimes", *International Organization*, Vol. 56, No. 4, Autumn 2002.

Chen, Y., "Chinese Economy and Excess Liquidity", *China & World Economy*, Vol. 16, No. 5, September 2008.

Chen, Kaiji, Patrick Higgins, Daniel F. Waggoner, Tao Zha, "Impacts of Monetary Stimulus on Credit Allocation and the Macroeconomy: Evidence from China", NBER Working Paper Series, September 2016.

Christopher, Crowe, Ellen E. Meade, "Central Bank Independence and Transparency: Evolution and Effectiveness",

European Journal of Political Economy, Vol. 24, No. 4, December 2008.

De Haana, Jakob, Cristina Bodea, Raymond Hicks, Sylvester C. W. Eijffinger, "Central Bank Independence before and after the Crisis", *Comparative Economic Studies*, Vol. 60, No. 2, January 2018.

De Nicolò, G., A. Gamba, M. Lucchetta, "Microprudential Regulation in a Dynamic Model of Banking", *The Review of Financial Studies*, Vol. 27, No. 7, April 2014.

Dincer, N. N., B. Eichengreen, "Central Bank Transparency and Independence: Updates and New Measures", *International Journal of Central Banking*, Vol. 10, No. 1, March 2014.

Dumiter, Florin Cornel, Radu, Claudia, Brezeanu, Petre, Turcas Florin, "Modelling Central Bank Independence and Inflation: Deus Ex Machina?", *Studia Universitatis „Vasile" Goldis Arad-Economics Series*, Vol. 25, No. 4, October 2015.

Francisco, J. B., Joseph Kaboski, Yongseok Shin, "Finance and Development: A Tale of Two Sectors", *The American Economic Review*, Vol. 101, No. 5, April 2009.

Friedman, M., Schwartz, A. J., *A Monetary History of the United States*, 1867-1960, Princeton University Press, 2008.

Friedman, M., *The Quantity Theory of Money: A Restatement*, University of Chicago Press, 1956.

Friedman, M., "Money and the Stock Market", *The Journal of Political Economy*, Vol. 96, No. 2, April 1988.

Garriga, A. C., "Determinants of Central Bank Independence in Developing Countries: A Two-Level Theory", University of Pittsburgh ETD, September 2010.

Goldsmith, R., Raymond, W., *Financial Structure and Development*, Yale University Press, 1969.

Goodhart, C. A. E., Osorio, C., Tsomocos, D. P., "Analysis of Monetary Policy and Financial Stability: A New Paradigm", CESIFO Working Paper No. 2885, October 2009.

Hayo, B. and C. Hefeker, "Does Central Bank Independence Cause Low Inflation? A Sceptical View", "Paolo Baffi" Centre Research Paper Series, No. 4, 2008.

Helge, B., Jakob, D. H., Sylvester, C. W. E., "Central Bank Independence: An Update of Theory and Evidence", *Journal of Economic Surveys*, Vol. 15, No. 1, June 2008.

Hsieh, C. T., Klenow, P. J., "Misallocation and Manufacturing TFP in China and India", *Quartering Journal of Economics*, Vol. 124, No. 4, November 2009.

Huiqing, L., Yixuan, X., Ying, Z., "China's Trilemma: Monetary Policy Autonomy in an Economy with a Managed Floating Exchange Eate", *Asian-Pacific Economic Literature*, Vol. 35, No. 1, March 2021.

Jin, H., Yingyi Qian, Barry R. Weingast, "Regional Decentralization and Fiscal Incentives: Federalism, Chinese Style", *Journal of Public Economics*, Vol. 89, No. 9, September 2005.

Klomp, J., De Haan, J., "Inflation and Central Bank Independence: A Meta Regression Analysis", *Journal of Economic Surveys*, Vol. 24, No. 4, August 2010.

Klomp, J., De Haan, J., "Central Bank Independence and Financial Instability", *Journal of Financial Stability*, Vol. 5, No. 4, December 2009.

Krugman, P. R., "A Model of Balance-of-Payments Crises", *Journal of Money, Credit, and Banking*, Vol. 11, No. 3, August 1979.

Kydland, F. E., Prescott, E. C., "Rules rather than Discretion: The Inconsistency of Optimal Plans", *The Journal of Political Economy*, Vol. 85, No. 3, June 1977.

Lee, Chien Chiang, Chun-Ping Chang, "FDI, Financial Development and Economic Growth: International Evidences", *Journal of Applied Economics*, Vol. 12, No. 2, November 2009.

Liang, Qi, Teng, Jian-Zhou, "Financial Development and Economic Growth: Evidence from China", *China Economic Review*, Vol. 17, No. 4, 2006.

McKinnon, R. I., *The Order of Economic Liberalization: Financial Control in the Transition to a Market Economy*, Johns Hopkins University Press, October 1993.

Mckinnon, R. I., "Money and Capital in Economic Development", *The American Political Science Review*, Vol. 68, No. 4, December 1974.

Obsfeld, M., "Rational and Self-Fulfilling Balance-of-Payment Crisis", *The American Economic Review*, Vol. 76, No. 11, March 1986.

Oliner, S. D., Rudebusch, G. D., "Monetary Policy and Credit Conditions: Evidence from the Composition of External Finance: Comment", *The American Economic Review*, Vol. 83, No. 1, March 1993.

Ollala, M. G., Gomez, A. R., "Robust Control and Central Bank Behavior", *Economic Modelling*, Vol. 28, No. 3, May 2011.

Olson, Mancur, "Dictatorship, Democracy and Development", *American Political Science Review*, Vol. 87, No. 3, September 1993.

Paul, A. S., "Modelling the Monetary Multiplier and the Controllability of the Divisia Monetary Quantity Aggregates", *The Review of Economics and Statistics*, Vol. 66, No. 2, May 1984.

Peter, S., Ake, L., "Issues in Central Bank Finance and Independence", IMF Working Paper, February 2008.

Poole, W., "Optimal Choice of Monetary Policy Instrument in a Simple Stochastic Macro Model", *The Quarterly Journal of Economics*, Vol. 84, No. 2, 1970.

Qian, Yingyi, Gerard Roland, "Federalism and the Soft Budget Constraint", *The American Economic Rewiew*, Vol. 88, No. 5, December 1998.

Ranajoy, R. C., "Central Bank Independence, Regulations, and Monetary Policy", Muhlenberg College, 2018.

Roffia, B., Zaghini, A., "Excess Money Growth and Inflation Dynamics", *International Finance*, Vol. 10, No. 3, December 2007.

Rogoff, K., "The Optimal Degree of Commitment to an Intermediate Monetary Target", *Quarterly Journal of Economics*,

Vol. 100, No. 4, November 1985.

Rousseau, P. L., D'Onofrio, A., "Monetization, Financial Development, and Growth: Time Series Evidence from 22 Countries in Sub - Saharan Africa", *World Development*, Vol. 51, November 2013.

Sargent, T. J., Surico, P., "Two Illustrations of the Quantity Theory of Money: Breakdowns and Revivals", *The American Economic Review*, Vol. 101, No. 1, February 2011.

Siklos, P. L., "No Single Definition of Central Bank Independence is Right for All Countries", *European Journal of Political Economy*, Vol. 24, No. 4, December 2008.

Stein, Jeremy C., Anil K. Kashyap, "What Do a Million Observations on Banks Say about the Transmission of Monetary Policy?", *The American Economic Review*, Vol. 90, No. 3, June 2000.

Stephen, G. C., Margaret, M. M., Gabriel, P. Q., "Policymakers' Revealed Preferences and the Output-Inflation Variability Trade-Off: Implications for the European System of Central Banks", *The Manchester School*, Vol. 70, No. 4, June 2002.

Stephen, G. C., Michael, E., "Does Inflation Targeting Increase Output Volatility? In Monetary Policy: Rules and Transmission Mechanisms", Working Papers Central Bank of Chile, Vol. 4, 2002.

Taoxiong, L., Mengdan, H., "Land Supply and Money Growth in China", *International Review of Economics & Fi-*

nance, Vol. 42, March 2016.

Tobin, J., Brainard, W. C., "Financial Intermediaries and the Effectiveness of Monetary Controls", *The American Economic Review*, Vol. 53, No. 2, May 1963.

Walsh, C. E., "Is there a Cost to Having an Independent Central Bank?", Federal Reserve Bank of San Francisco Weekly Letter, 1994.

Walsh, C. E., "Optimal Contracts for Central Bankers", *The American Economic Review*, Vol. 85, No. 1, March 1995.

Wynne, M. A., "Core Inflation: A Review of Some Conceptual Issues", ECB Working Paper, No. 5, 1999.

Xie, Danyang, Zou Hengfu, Hamid Davoodi, "Fiscal Decentralization and Economic Growth in the United States", *Journal of Urban Economics*, Vol. 45, No. 2, March 1999.

Zhang, Xiaobo, "Fiscal Decentralization and Political Centralization in China: Implications for Regional Inequality", *Journal of Comparative Economics*, Vol. 34, No. 4, December 2006.